# ¿POR QUÉ FIDEL ABANDONÓ AL CHE?

*Che Guevara:
valgo más vivo que muerto*

COLECCIÓN CUBA Y SUS JUECES

EDITORIAL BETANIA, Madrid, España, 2022
&
EDICIONES UNIVERSAL, Miami, Florida, 2022

Alberto Muller

# ¿POR QUÉ FIDEL ABANDONÓ AL CHE?

*Che Guevara:
valgo más vivo que muerto*

editorial **BETANIA**

Copyright © 2014 & 2022 by Alberto Muller

Primera edición, 2014
Editorial Biblioteca Nueva, Madrid / 978-84-16170-78-4

Segunda edición corregida, 2022: Coedición de
EDITORIAL BETANIA
Apartado de correos 50.767
Madrid 28080, España
E-mail: editorialbetania@gmail.com
Blog EBETANIA: http://ebetania.wordpress.com
ISBN: 978-84-8017-445-9. Depósito Legal: M-9686-2022.

&

EDICIONES UNIVERSAL
P.O. Box 450353 (Shenandoah Station)
Miami, FL 33245-0353. USA
(Desde 1965)
e-mail: ediciones@ediciones.com // http://www.ediciones.com

ISBN: 978-1-59388-328-7

Diseño de la cubierta: Luis García Fresquet

Foto en la portada: Fidel Castro y el Che Guvara

Todos los derechos
son reservados. Ninguna parte de
este libro puede ser reproducida o transmitida
en ninguna forma o por ningún medio electrónico o mecánico,
incluyendo fotocopiadoras, grabadoras o sistemas computarizados,
sin el permiso por escrito del autor, excepto en el caso de
breves citas incorporadas en artículos críticos o en
revistas. Para obtener información diríjase a
Ediciones Universal

# ÍNDICE

DEDICATORIA ........................................................................... 9

PRÓLOGO. MARTÍN GUEVARA ............................................... 15

INTRODUCCIÓN ....................................................................... 21

CAPÍTULO 1.—CHE ORGULLOSO DE SU FAMILIA. ASMÁTICO AGUDO DESDE NIÑO · IDENTIFICACIÓN CON LOS POBRES Y LEPROSOS · VIAJE POR ARGENTINA Y AMÉRICA LATINA · SU ENCUENTRO CON LA REVOLUCIÓN CUBANA ................................................................................. 25

CAPÍTULO 2.—PRIMERAS TENSIONES ENTRE FIDEL Y EL CHE · DISCURSO EN ARGEL: EL CHE CRITICA A LOS SOVIÉTICOS · ESTÍMULOS MORALES · PSICOPATOLOGÍAS SOBRE EL CENTRO Y LA PERIFERIA ............... 37

CAPÍTULO 3.—RUMBO AL CONGO · CONVERSACIÓN CON GAMAL ABDEL NASSER · FIDEL HACE PÚBLICA SU CARTA DE RENUNCIA, LO QUE DISGUSTÓ AL CHE · HUIDA APRESURADA DEL CONGO ............... 57

CAPÍTULO 4.—BOLIVIA, UN OBJETIVO DESCABELLADO · ÚNICO PAÍS DE AMÉRICA LATINA DONDE LOS CAMPESINOS ERAN MASIVAMENTE PROPIETARIOS DE SUS TIERRAS · MONJE, EL COMUNISTA QUE TRAICIONA AL CHE EN BOLIVIA ............................................................... 85

CAPÍTULO 5.—Capturan y asesinan del Che · Hambriento, sediento, sin medicinas para el asma y sin zapatos · «Valgo más vivo que muerto» · El mando político comunista en Bolivia y La Habana lo abandonan. ---- 107

CAPÍTULO 6.—El abandono · El Che era una sombra muy grande para Fidel · Causas del abandono · Poema a Cristo ---- 129

CAPÍTULO 7.—Citas y documentos ---- 151

BIBLIOGRAFÍA ---- 217

ÍNDICE DE NOMBRES ---- 221

## Dedicatoria

A mi inseparable esposa Tensy, que ha soportado con paciencia esta obsesión casi esquizoide de investigación periodística durante más de cinco años, alrededor de la muerte del Che Guevara en Bolivia.

A mis hijos Ernesto y Yolanda, que llenan mi vida con ese sentido de urgencia por trascender en ellos para que sean siempre justos.

A mis padres adorables, que recuerdo con frescura cotidiana.

A mis hermanos Francisco (fallecido) y Juan Antonio, guías ambos de mis actos de vida.

A mi amigo Octavio de la Concepción de la Pedraja, alias Tavito, Moro, Morogoro, el Médico o Muganga, que murió junto al Che Guevara en las montañas de Bolivia y lo acompañó también en la jornada de la guerrilla en el Congo.

Tavito, como le decíamos a Octavio en la Universidad de La Habana y en los pasillos de la Agrupación Católica Universitaria, fue siempre un amigo fiel, un cristiano ejemplar y un combatiente incansable contra la dictadura de Fulgencio Batista en Cuba.

Su muerte junto al Che, abandonado en las montañas bolivianas, no desvela el misterio ni mi pesar por su muerte distante y en las filas de un proceso comunista que ha distanciado a Cuba de la libertad.

A todos mis compatriotas cubanos y cubanas que han luchado por hacer de Cuba un país más justo y libre.

«Valgo más vivo que muerto»

*(Frase del Che a sus captores, el 7 de octubre de 1967, en La Higuera, Bolivia.)*

Agradecimientos
----------------------

Debo agradecer especialmente a cuatro amigos que este libro llegue nuevamente a manos de los lectores.

El primero, a Juan Manuel Salvat, por sus sugerencias, comentarios y estímulo permanente.

El segundo, a Adrianne Miller, la escritora estadounidense-cubana, inspiradora de que mis libros se traduzcan y publiquen en inglés.

El tercero a don Antonio Roche, de Biblioteca Nueva en España, por la confianza en publicar la primera edición de este libro.

El cuarto a mi amigo Martín Guevara, sobrino del Che Guevara, que tuvo la generosidad y el valor intelectual de escribir el prólogo del libro.

Mi eterna gratitud a los cuatro por hacer posible que el libro, «POR QUÉ FIDEL ABANDONÓ AL CHE» (título de la segunda edición) sea nuevamente una realidad de la narrativa en la investigación histórica.

## PRÓLOGO

El oficial a cargo de las operaciones entró nuevamente en el cuarto con sólo una ventana de respiradero donde yacía un cuerpo sin vida y otro herido, al borde de cada límite de las necesidades humanas y animales pero aún consciente, sentado y con la mirada cansada pero firme. El oficial y el prisionero volvieron a escuchar una ráfaga en el cuarto contiguo, el penúltimo de los hombres acababa de ser ejecutado. El oficial, que había mantenido largas conversaciones a modo de interrogatorio con el reo, y que había intentado cumplir con el deseo de sus superiores de trasladarlo con vida a Panamá, sin embargo esta vez entró en aquel sombrío cuarto de la muerte para comunicarle la decisión de su final:

—Comandante, en unos momentos entrará un soldado y procederá a fusilarlo.

Se miraron de pie, el jefe guerrillero le dio los últimos artículos de su pertenencia que le quedaban, se saludaron como dos soldados, y el reo le dijo:

—Quizás sea lo mejor.

El oficial salió, entró un soldado, empezó a hablar de forma no coherente y el jefe guerrillero, en sus harapos, con el pellejo en sus costillas, a punto de abandonar el asma para siempre, le dijo:

—Adelante, sé a lo que vienes.

Entonces el soldado le disparó varios tiros mortales, atravesándole incluso el antebrazo.

Antes de no volver a ver nunca más el cuerpo para luego recordarlo durante años, el alto oficial le limpió la cara con un pañuelo mojado, e intentó cerrarle los ojos que con terquedad permanecieron abiertos.

Ernesto Guevara de La Serna murió en La Higuera en tales condiciones de abandono y de derrota que representó una oda a la soledad.

Para todos, el hombre que moría como pensaba y, según desde dónde se lo mire, sus enemigos pensarían que pagó las culpas de su violencia; sus amigos y simpatizantes, que se elevó a una categoría mítica de ser superior; los historiadores imparciales podrían ver el extremo de la extenuación, de la lealtad a las ideas, de la testarudez y del alto precio del error; pero todos, de un modo o de otro, si observan de frente los acontecimientos, no podrán evitar ser acosados por una cantidad apabullante de signos, que unidos entre sí, más que en una sospecha, nos sitúan ante la semidesnudez de la historia subrepticia de una traición consumada.

La victoria del pragmatismo frente a la utopía.

Lo demás es parte de la Historia, de la mitología, de una de las leyendas del siglo xx que cada uno la interpreta desde el sitio en que la vida lo situó, desde la sensibilidad ideológica que alcanzó el hipotálamo de casi la totalidad de la población activa de aquellos años, a uno y otro lado de la calle.

Con gran objetividad y un profundo trabajo de investigación, esta obra de Alberto Muller nos presenta un ángulo de observación, desprovisto de todo prejuicio, de todo barniz ideológico, desde donde no sólo se puede arrojar luz sobre aquel episodio histórico, aquel abandono generalizado por los supuestos compañeros de lucha, de uno de los hombres más comprometidos con la revolución cubana y paradójicamente con el comunismo universal que lo desechó.

La riqueza del presente trabajo en las asociaciones de ideas, en la percepción de los puntos donde se encuentran lo veraz y lo verídico, donde se unen el dolo y la intencionalidad, la seriedad de la bibliografía y la nobleza de su finalidad, hacen de este libro un material clave para profundizar en la aclaración, en la búsqueda de respuestas en uno de los episodios fundamentales de la Historia del siglo xx.

Conocí a su autor Alberto Muller, a través de nuestra amiga común Adrianne Miller, y desde que cruzamos las primeras palabras me di cuenta de que estaba ante una persona íntegra, ante alguien que no sólo no teme a la verdad sino que la persigue, alguien de profundos valores democráticos. Y aún más, un hombre de valores cristianos, que un ateo como yo reconoce a la legua allí donde se presenten.

Hablamos hace unos años acerca de la percepción de ambos sobre la revolución cubana, su historia personal, la mía, el trabajo que me encontraba realizando entonces sobre mi vida en medio de aquella vorágine, en aquel muestrario de las más diversas maquinaciones, maquinarias y políticas si así se le puede llamar al ensamble de tecnicismos y prestidigitación para sostener a un grupo en el poder durante la mayor cantidad de tiempo posible, sin otro sustrato, sustento ni común denominador que ese en exclusiva: la permanencia en el poder.

Hablamos sobre sus años en prisión, sobre los sentimientos nobles que lo mueven en la actualidad hacia Cuba y hacia las personas comunes, que son en definitiva quienes padecen los caprichos de los choferes del autobús de la Historia, cuando estos mediante un arrebato dan un giro de volante poniendo rumbo hacia una vía muerta, saltándose a su paso todo conjunto de código y reglas.

Hablamos también de mí y por supuesto de mi tío, el Che Guevara. Del peso y del respeto que dejó en mi vida, de lo que admiro y lo que descarto de lo que nos intentaron trasladar como ejemplar.

Lo que yo pude aportar en nuestra conversación son puntos de vistas, certezas nacidas en un sexto sentido, en la dimensión indefinida que denomina corazonada o sospecha, pero que en ocasiones tiene más fuerza presencial que muchos testimonios.

Cuando yo nací mi tío ya había salido de Argentina por última vez y ya se había encontrado con Raúl y Fidel Castro, ya Fidel se había hecho converso varias veces de varias convicciones, confesiones, doctrinas diferentes, ya había sido jesuita, ortodoxo, auténtico, demócrata, revolucionario, luego comunista, y entonces nací yo, más tarde le dio tiempo a convertirse en muchas otras cosas, y ahora va incluso por la senda de ser un defensor de la Revolución China a cambio del preciado sustento; y aunque no hubiese tenido la oportunidad de gastar tiempo compartido con mi tío, al menos no de la manera cronológica comúnmente aceptada, sí que no obstante lo tuve con la energía que dejó su espectro en la cosmogonía familiar, además de su omnipresencia oficial, o más bien la utilización que de él, de su vida y sobre todo de su muerte hizo Fidel una vez que ya no era un problema.

Me asombró la generosidad del autor del presente trabajo para situarse por encima de pequeñeces, habiendo puesto la piel en sus ideas y habiendo padecido no pocos infortunios a manos del poco tolerante entusiasmo postrevolucionario, para sin embargo no dejar de ver las cosas desde un ángulo imparcial de quien está haciendo Historia, en incluso de quien está habitado por los mejores sentimientos, pudiéndolo bien estar por el odio más enconado. Esto es lo que más me llamó la atención.

Me pareció tan auténtico, tan valiente, tan objetivo, que pasé a considerar un honor la posibilidad de contarme entre sus amigos.

Pero ni aún así podía suponer la sorpresa que me embargó al mezclar el disfrute con la responsabilidad de leer el presente trabajo.

Las asociaciones de ideas, la reconstrucción de eslabones para atisbar la dirección del amarre en que se produjeron los hechos, el aporte de nombres de militantes revolucionarios, más que sorprendidos, traicionados por el viraje repentino del proyecto común que significó la lucha contra la dictadura de Batista, constituyen aspectos valiosos del presente libro.

A mi entender la finalidad de un trabajo es la que le otorga el mayor nivel. El honor y el merecimiento de este libro radica en la búsqueda de la verdad de una época muy presente a pesar de apariencia cronológicamente pretérita, pero basado en principios como la verdad, la justicia, el humanismo.

También he de decir que estos mismos principios son los que me hacen sentir halagado de ser elegido para prologar este valioso libro. El mundo entero necesita profundizar el ejercicio de la convivencia, de la tolerancia, de la construcción de la Paz, cada oportunidad de arrimar un grano de arena a dicha causa representa el mayor de los honores.

Ojalá este libro contribuya a lograr la concordia que precisará en generosas porciones una Cuba herida por la división y la erosión de los valores fundamentales, y que sólo se alcanzará con el concurso de todas las partes, y el rol protagónico de la verdad.

Martín Guevara
(sobrino de Ernesto *Che* Guevara)

INTRODUCCIÓN
----------------

Cualquiera de las facetas en la vida de Ernesto Guevara, por la dimensión histórica del personaje, nunca es tarea fácil para el investigador.

Resulta importante aclarar que no pretendemos escribir otra biografía del guerrillero argentino-cubano, sino simplemente concentrarnos en algo que nos parece revelador y fascinante para un periodista que escudriña las realidades con visión de investigador.

La jornada guerrillera del Che Guevara en Bolivia fue una larga sucesión de imprecisiones, indisciplinas, delaciones y abandonos que, sin demeritar la entrega y el celo de sus protagonistas por alcanzar un objetivo político determinado en Latinoamérica, condujo inevitablemente al fracaso del proyecto guerrillero y a la muerte de la mayoría de sus integrantes, incluyendo al Che.

Quienes ordenaron la muerte o ejecución de Ernesto Guevara en La Higuera, sin previo juicio, violaron todos los códigos de guerra y de ética militar existentes, sin percatarse que con ese acto criminal convertían al guerrillero argentino-cubano en un mito de larga duración.

Cuando esos mismos militares bolivianos, además, cortaron las manos del Che en un acto inusitado de castración física, dieron entonces alas largas para que ese nuevo mito revolucionario pudiera volar distancias inconmensurables y para que la imaginaria popular y juvenil lo aceptara con veneración, como un nuevo ícono inusitado de la historia reciente. Y así ha sido, aunque duela a algunos.

Los estudiosos de la historia cubana tendrán que descifrar con mucha seriedad crítica, las razones de por qué la Dirección General de Inteligencia (DGI) del gobierno revolucionario cubano autorizó o dio el visto bueno para que el Congo y Bolivia fuesen los lugares o países para que el Che Guevara desarrollara sus proyectos revolucionarios de continuar con una de las ideas maestras más extendidas de León Trotsky, la revolución permanente en favor del proletariado y de los explotados, cuando ninguno de los dos escenarios geográficos, en continentes distantes, presentaban las condiciones mínimas de seguridad requeridas para el desarrollo exitoso de los susodichos proyectos guerrilleros.

Si la experiencia de enviar a un grupo de revolucionarios cubanos al Congo, «es la historia de un fracaso», según palabras del Che Guevara en su primera frase del libro Pasajes de la guerra revolucionaria (Congo), sería interesante saber: ¿cómo calificaría el Che su propia muerte en Bolivia?

El Che muere, para su amargura y sufrimiento personal, abandonado, hambriento, sin sus medicamentos para el asma, con unos trapos amarrados a sus pies, porque había perdido sus botas, y según el testimonio de la mayoría de sus biógrafos, sin apenas deseos de seguir combatiendo al enemigo.

En el momento de su muerte, paradójico, las dos grandes agencias de inteligencia del mundo: la CIA en los Estados Unidos y la NKVD en la Unión Soviética, enfrascadas en una lucha de confrontaciones, infiltraciones y agentes dobles por doquier, durante toda la Guerra Fría, coincidían en la conveniencia de la eliminación física o de la neutralización de las actividades de Ernesto Che Guevara.

Y esa es otra de las interrogantes que esta narración periodística intenta abrir en la mente de todos los interesados en este pedazo de historia contemporánea.

También estimular a que se conozcan estos hechos que se vinculan al interés de la CIA y la NKVD, por sacar al Che del escenario político revolucionario de la época.

Ese marco histórico real podría desvelar que, al día siguiente de confirmarse la muerte del Che en La Higuera, Bolivia, ambas agencias se sintieran satisfechas y aliviadas. No sabemos si se dieron las manos o se intercambiaron mensajes de felicitación.

Hasta ahora, lo más importante que se sabe del evento sacrifical, es que la Agencia Central de Inteligencia (CIA) hizo todo lo humanamente posible ante el gobierno boliviano, para evitar la muerte de Guevara.

Este libro lo estimulan con precisión dos momentos muy puntuales: uno es *El Diario del Che en Bolivia*, cuya sola lectura pone al descubierto y sin dobleces el estado de abandono que provocó la captura del Che y su muerte en La Higuera.

Ese comentario tan repetido e insistente en el *Diario del Che* durante los últimos seis meses de su vida, de que «hemos perdido el contacto con Manila» o «seguimos sin restablecer el contacto con Manila» o «que la moral esta muy baja porque no tenemos contacto con Manila» es como un estribillo melancólico y acusador que golpea cualquier conciencia humana en cualquier rincón del mundo, y sobre todo cuando nos percatamos de que Manila es el gobierno revolucionario cubano, o mejor dicho, es Fidel Castro.

El otro punto de estímulo que desencadena que escriba este libro, es personal, y tiene que ver con la lealtad del autor desde los años juveniles en la Universidad de La Habana, con su amigo Octavio de la Concepción de la Pedraja, alias Tavito, el Moro, Morogoro, Muganga o el Médico en la guerrilla del Che.

En una de sus últimas conversaciones con el autor, Tavito le aseguró que la revolución cubana no sería comunista, sino nacionalista y tan cubana como las palmas, por lo que le pidió confianza, tiempo y comprensión.

A lo que el autor le garantizo a su amigo que si la revolución cubana no tomaba el rumbo comunista, ambos se volverían a encontrar en el mismo escenario de la Revolución Cubana.

Posteriormente la historia marcó otro derrotero y Morogoro o Tavito murió junto al Che en las montañas de Bolivia, la revolución cubana se declaró comunista y se alineó a la conducción política de los soviéticos, y más nunca los dos amigos volvieron a encontrarse físicamente.

Permítanme repetir que este libro carece de pretensiones biográficas sobre Ernesto Guevara, sino simplemente intenta enlazar cuidadosamente los eslabones que golpearon al Che Guevara y a su grupo de guerrilleros cubanos en Bolivia.

De esta forma, entenderemos mejor este pedazo dramático de la historia reciente en América Latina, que algunos han intentado alterar u ocultar, y que muestra sin dobleces, como el Che Guevara y sus guerrilleros cubanos mueren en las montañas bolivianas, abandonados, hambrientos, sedientos y en el caso del Che, casi harapiento y sin sus propias botas ni sus medicinas para el asma.

El libro no deja de ser atrevido y ambicioso a la vez, porque le sigue los pasos por el Congo, por Egipto, por China, por Moscú, por Praga y finalmente por Bolivia, entre otros rincones de menor importancia, a un hombre de dimensiones históricas extendidas, como Ernesto (Che) Guevara.

## Capítulo 1

Sinopsis de su vida · Che orgulloso de
su familia. Asmático agudo desde niño ·
Identificación con los pobres y leprosos ·
Viaje por Argentina y América Latina · Su
encuentro con la revolución cubana

> «Hoy comienza una nueva etapa.»
> *(Diario del Che, noviembre 1966)*

Un cubano, Antonio «Ñico» López, que había sido atacante del Cuartel Moncada en Santiago de Cuba junto a Fidel Castro y el resto de los revolucionarios el 26 de julio de 1953, fue el que bautizó a Ernesto Guevara de la Serna con el mote del «Che», cuando ambos se conocieron durante la revuelta en Guatemala de 1954 y al cubano le pareció gracioso como Guevara usaba esta expresión con frecuencia singular en su dicción.

Ernesto Guevara nace el 14 de junio de 1928 en la ciudad de Rosario, Argentina, y todos sus familiares lo identificaban cariñosamente con el mote de «Teté».

Testimonios familiares expresan —con cierta credibilidad— que su verdadero nacimiento fue un año antes, pero que los padres no quisieron asentarlo en los registros citadinos o municipales porque en el momento de la concepción del niño, ellos no estaban legalmente casados, y por eso ambos se desaparecieron por un tiempo de la ciudad.

Su madre, Celia de la Serna, proviene de una familia de abolengo y aspiraciones aristocráticas, educada en un colegio católico de niñas de alta sociedad —el Sagrado Corazón— que le hizo pensar durante su adolescencia, en la posibilidad de dedicarse a la vida religiosa o monacal.

Con el paso de los años, Celia abandonaría sus creencias religiosas para convertirse en una activista revolucionaria comprometida en la defensa de su hijo Ernesto, al que adoraba con pasión maternal.

El padre del niño, Ernesto Guevara Lynch, era un comerciante de carácter simpático y extrovertido, que enamoraba a cuanta mujer le pasara por delante. Este comportamiento frecuente provocó inestabilidades en la relación matrimonial con su esposa.

Se conoce, por testimonios familiares, que la familia de Celia de la Serna se había opuesto al matrimonio de ella con Ernesto Guevara Lynch, por considerarlo un hombre inestable emocionalmente e irresponsable desde el punto de vista financiero.

Pero como pasa con cierta frecuencia en la vida entre padres e hijos, cuando las familias se oponen al enlace de la pareja escogido o escogida por los más jóvenes, estos se enamoran entonces —uno del otro— con insistencia irreverente.

Desde muy temprana edad, el niño padeció de fuertes ataques de asma, producto de una bronconeumonía aguda, y que su padre Ernesto culpaba a Celia, la madre del infante, por haber provocado el asma al bañar al niño desde muy pequeña edad en las aguas frías del río[1].

Este padecimiento de asma persistente explica en la personalidad del niño, desde muy temprana edad, su tendencia a escapar del medio familiar, a esconderse de sus padres y a ser hosco con sus amigos, aunque por otra parte gustaba en ocasiones de jugar ajedrez con su padre en los ratos de ocio y mostraba rasgos de respeto y amor profundo hacia su madre Celia.

En la escuela fue un niño estudioso, que leía aventuras, libros de viajes, estudiaba las obras de Horacio Quiroga, Charles Baudelaire, Sigmund Freud y gustaba recitar de memoria los versos de Pablo Neruda. La poesía, tanto para leerla como para escribirla, se convertía entonces en su género literario preferido.

Durante su adolescencia profundiza los estudios sobre la vida de León Trotsky y otras personalidades de la revolución rusa del siglo XX. Esta tendencia explica que Ernesto, ya adolescente en su nuevo entorno social, una vez que la familia se había mudado a la ciudad de Alta Gracia, se vincule al Comité de Ayuda a la República española.

En sus años juveniles, Guevara siguió padeciendo de asma y comenzó a desarrollar una mentalidad de conmiseración por los pobres, los enfermos, los más necesitados y los leprosos.

En los records del ejército argentino, queda reflejado que Ernesto Guevara de la Serna era un «disminuido en aptitudes físicas», por lo que fue dado de baja del servicio militar obligatorio[2].

---

[1] Constenla, Julia. *Celia, La Madre del Che*, Editorial Debolsillo, 2008 / pág. 27
[2] Ortega, Luis. *Yo soy el Che*, Ediciones Espuela de Plata, 2009. / pág. 29

## PRIMER VIAJE POR AMÉRICA DEL SUR

En esta encrucijada emocional, hace su famoso primer viaje en motocicleta por América Latina con su amigo más íntimo, Alberto Granado, en un intento aventurero por recorrer y conocer distintas regiones y ciudades de Sur América, incluyendo la posibilidad de llegar a países como Venezuela y Estados Unidos. Los dos salen de Córdoba el 29 de diciembre de 1951 en la moto que denominan, La Poderosa II.

El viaje de los dos amigos se inicia con un desenlace emocional frustrante para Guevara, cuando hacen una parada en la playa Miramar, donde su enamorada Chinchina Ferreira pasaba las vacaciones con una tía.

Guevara aspiraba arrancar un compromiso de lealtad de la Ferreira que no logra, pues ella termina rechazándolo sin posibilidades de reconsiderar su decisión, aunque las amistades de ambos aseguran que sentían una verdadera atracción emocional y amorosa mutua.

La joven Chinchina le contó a su amiga Miriam Urrutia sobre este incidente: «él me veía como un impedimento para la vida de aventurero que quería hacer. Se sentía atrapado y quería liberarse, y yo debo haber sido un escollo para eso. No sé a donde quería ir; deseaba salir y andar por el mundo».

Adicionalmente el adolescente Ernesto Guevara reclamó de la Chinchina otra prueba de amor al pedirle a la muchacha su pulsera, para llevarse algún recuerdo de la mujer amada en su viaje por América Latina, pero esta se negó a dárselo sin vacilación.

De la playa argentina de Miramar, los dos amigos prosiguen el viaje y en unos días ingresan en Chile, donde viven una experiencia social intensa con los leprosos en Valparaíso.

Después llegan a Valdivia y al salir de esta ciudad montados en La Poderosa II, el motor del vehículo se funde y los viajantes quedan sin su apreciado objeto de transportación para la larga jornada que tenían planeada por el continente.

Desde Valdivia usan distintos medios para llegar a la mina de cobre de Chuquicamata en Tacna, la mina a cielo abierto más grande del mundo, explotada por los Estados Unidos.

Según la mayoría de los tantos biógrafos de Ernesto Guevara, una pareja de mineros comunistas en la mina de Chuquicamata en Chile, dejarían huellas imperecederas en la formación política del joven Guevara, al acercarlo emocionalmente al modelo del revolucionario marxista[3].

Estos amigos comunistas parece que alimentan y estimulan en Guevara un odio primerizo hacia Estados Unidos y su posterior radicalidad revolucionaria, lo que estampa posteriormente en su diario de apuntes:

«La pareja aterida en la noche del desierto, abrazándose, era la viva representación del proletariado en cualquier parte del mundo. Ni siquiera tenían una miserable manta para cubrirse, así que les dimos una muestra de solidaridad humana, mientras que Alberto y yo nos tapamos con la otra.»

Durante el mes de abril visitan Cuzco, capital del Imperio Inca, y la ciudad imperial de Machu Picchu. Luego partieron hacia la ciudad de Abancay, donde visitaron el leprosorio de Huambo.

De aquí los dos amigos, ya en mayo de 1952, llegan a Lima, Perú, donde conocen al doctor Hugo Pesce, quien ejerció una sensible influencia en la vida de ambos, y al

---

3 Castañeda, Jorge G. *La vida en rojo*, Alfaguara, 1997. / págs. 74-76

cual Guevara dedicó años más tarde su libro *La guerra de guerrillas*. Así reza la dedicatoria del libro:

«Al doctor Hugo Pesce, quien tal vez sin saberlo provocó un gran cambio en mi actitud hacia la vida y la sociedad, con el mismo espíritu aventurero de siempre, pero canalizado hacia objetivos más armoniosos con las necesidades de América»[4].

En Lima, una vez superada una de sus peores crisis asmáticas de todo el recorrido, el Che y Granado visitaron un leprosorio en las afueras de la capital, donde trabajaba el amigo Pesce.

De aquí embarcan hacia Iquitos y visitan el leprosorio de San Pablo, a orillas del río Amazonas, donde los médicos les regalan una balsa para que continuaran su viaje.

Queda como una marca distintiva en los dos viajeros, el afecto por los leprosos, producto de la experiencia profesional y sentimientos de Alberto Granado, que durante muchos años de su vida laboral había atendido a este tipo de enfermos.

Todo hace indicar que en esta primera fase de su recorrido, Guevara estaba más interesado en visitar leprosorios y en investigar formaciones arqueológicas, que en la política, producto de la influencia humanitaria que su amigo había ejercido en él, aunque no dejaba de asimilar las experiencias sociales y humanitarias de ciertos momentos del recorrido, como el de los mineros en la mina de Chuquicamata.

Además de Perú, visitan Bolivia, Colombia y Venezuela, ya montando en camiones y transportes ocasionales, una vez que la motocicleta pasara a mejor vida. En los Andes pasan las mayores necesidades de todo el tra-

---

4 O'Donnell, Pacho. *La vida por un mundo mejor. CHE*, Editorial Debolsillo, 2005. / pág. 75

yecto y el asma de Guevara se agrava por la humedad del clima.

Inclusive abundan referencias que con anterioridad al año 50, en un recorrido que hace Ernesto Guevara en una bicicleta de motor por toda Argentina, visitó el leprosorio del norte de Córdoba, donde trabajaba su amigo Alberto Granado.

Algunos estudiosos de su vida afirman que el asma es el principal impedimento para el desarrollo de una vida emocional equilibrada en la personalidad de Ernesto Guevara.

Por eso fue rechazado del servicio militar obligatorio en su país. Pero al final será su compromiso de luchar contra las injusticias sociales y contra la política de Estados Unidos, las metas que lo muevan hacia un extremismo revolucionario, a pesar de su limitación física.

Guevara demuestra en sus primeros años —después de dejar su adolescencia atrás— que necesitaba encontrar otros caminos por el mundo, lejos de Argentina, lejos de su familia y lejos de sus compañeros de estudios de la adolescencia.

Algunos observadores y estudiosos de la psicología, como la escritora Adrianne Miller, achacan esta tendencia por viajar y por desaparecer en la periferia, lejos de su familia, el verdadero *leitmotiv* o motivo conductor en la vida de Ernesto Guevara[5].

Ese camino finalmente parece encontrarlo en la revolución cubana, en el foquismo guerrillero y en la violencia como modelo de acción.

Prosigue Guevara su primer recorrido por América del Sur cuando llega a Colombia, pero debido a la dictadura de Laureano Gómez, los amigos le aconsejan que

---

5 Entrevista a Adrianne Miller, escritora y psicóloga.

siga su camino y no se detenga, por lo que llega a Venezuela en 1952.

Durante su estancia en Caracas, su amigo Alberto Granado obtuvo empleo en un leprosorio, gracias a su amistad con el doctor Hugo Pesce.

Este es el momento en que Guevara decide regresar a Argentina para terminar su carrera de medicina, que algunos dicen que concluye en abril de 1953. Paralelamente otras fuentes cercanas a su familia aseguran que nunca logró obtener el título de médico.

Ya el asma que padecía desde niño se ha convertido en el inseparable compañero de Guevara, un hombre que en esta primera etapa tenía a flor de piel su sensibilidad de revolucionario, pero era más fuerte todavía en él su sed de aventuras, y su deseo de ser poeta y de servir a los leprosos.

El impulso de un nuevo viaje por el continente americano, muestra la evolución de un Guevara con una conciencia política más marcada, aunque sin abandonar sus preferencias por la arqueología y siempre con su asma a cuestas.

### SEGUNDO VIAJE POR AMÉRICA

Este segundo viaje lo inicia Guevara en julio de 1953, y lo acompaña su amigo de la infancia, Carlos Ferrer. La meta del viaje era llegar a Caracas para reunirse con su otro amigo Alberto Granado.

La primera parada del viaje en tren fue La Paz, Bolivia, donde permanecieron varias semanas. En esta ciudad, Guevara queda favorablemente impresionado por la Reforma Agraria del Movimiento Nacionalista Revolucionario, diseñada por el presidente de la República, Víctor Paz Estensoro, que repartió tierras entre los campesinos, como un precedente de justicia social en América Latina, intentando cerrar el camino a la oligarquía local y a los comunistas, más interesados en el poder político y en estatizar los medios de producción, que en dar tierras a los agricultores indígenas o campesinos.

Guevara describió entonces a Bolivia en sus notas diarias, como el «Shangai de América», por el arcoíris de negociantes y viajeros de diferentes orígenes y países que se establecían en el país en busca de fortunas.

Conociendo esta situación social de distribución de tierras en Bolivia, algunos analistas se preguntarán posteriormente: ¿cómo es que Ernesto Guevara acepta años después abrir un frente guerrillero en ese país latinoamericano una vez concluido el desastre que protagonizó en el Congo, África, a sabiendas de que los campesinos —la mayoría con tierras— no eran una clase marginada ni explotada en Bolivia?

Después los dos amigos prosiguieron viaje a Perú, visitando las ciudades de Puno, Cuzco y Machu Picchu, para finalmente hacer una parada en Lima, donde se encontraron nuevamente con el doctor Hugo Pesce.

De Perú, viajan a Ecuador, donde se encuentra con su amigo izquierdista Ricardo Rojo. Posteriormente viajan a Panamá y Costa Rica, donde conoce a Juan Bosch, dirigente político dominicano de izquierda y a Manuel Mora Valverde, dirigente comunista costarricense.

Planean visitar Honduras con el objetivo de ver las ruinas de los chortis en Copán, pero como no pudieron obtener el visado, viajan a Guatemala a visitar las ruinas mayas de Quirigua.

Ya en estos momentos, el aventurerismo de Guevara va transformándose pausadamente en un esquema revolucionario que busca nuevos horizontes de lucha.

El 24 de diciembre de 1953 llega Ernesto Guevara a Guatemala y conoce a Hilda Gadea, que sería su primera esposa, su protectora económica y la que lo impulsó ideológicamente a enterrar su interés espontáneo por la arqueología y por la poesía. Comienza Guevara a consolidar en su mente el camino de la lucha revolucionaria marxista.

Su amistad con el grupo de cubanos exiliados en Guatemala en esa época, le dio la orientación definida que necesitaba, para por primera vez detenerse a analizar la vía armada, como instrumento de lucha revolucionaria.

El derrocamiento violento de Jacobo Arbenz en la Guatemala convulsa de 1954, por la derecha política del país con el apoyo de la Agencia Central de Inteligencia (CIA) de los Estados Unidos, no solamente provoca que Guevara conozca la naturaleza de la violencia política, sino que lo impulsa a priorizar la importancia de la violencia revolucionaria para toda su vida, ya en aras de ideales marxistas.

El 18 de septiembre de ese mismo año, decide dejar territorio guatemalteco, cruza la frontera y llega a México a los pocos días. Hilda Gadea quedaría momentáneamente atrás de su vida y en la intención íntima de Guevara estaba el no reencontrarse con ella, pues realmente no le profesaba ningún sentimiento de amor.

En ciudad México vuelve Guevara a encontrarse con su amigo Ñico López que lo anima para que se integre a los planes de organizar el movimiento armado en Cuba.

En junio de 1955 conoce a Raúl Castro a su llegada a México. Unos días después conoce a Fidel Castro en la misma ciudad y su compromiso con la causa revolucionaria cubana queda sellado por la impresión de confianza que el dirigente cubano impregna en la psiquis de aventurero y de revolucionario de Ernesto Guevara.

Una vez que consolida su relación política y su amistad con Fidel Castro, ya el joven Ernesto Guevara comenzaría su recorrido revolucionario en la vida, con su nueva identificación, el Che.

Durante el tiempo en que estuvo vinculado a la revolución cubana, participa en una secuencia de hechos impregnados de actos revolucionarios violentos, radicalizaciones y viajes por distintos foros internacionales en representación de la Cuba revolucionaria de 1959. Atrás quedaba el mote de «Teté» sólo para su madre y familiares cercanos.

Su vida como alto dirigente de la revolución cubana, ministro de varias dependencias y presidente del Banco Nacional fue realmente efímera, porque en 1964 renuncia a su naturalización cubana, cuando se percata de que sus diferencias irreconciliables con la Unión Soviética lo separan inexorablemente de Fidel Castro y de su gobierno revolucionario.

En estos años primeros de la revolución cubana, mientras el Che Guevara se encontraba de jefe militar de la Fortaleza de la Cabaña en la Habana, se producen los fusilamientos de cientos de militares de la dictadura de Fulgencio Batista, lo que para muchos de los analistas de su deambular revolucionario, son los hechos más oscuros y sangrientos de su vida.

Llama la atención, que a pesar del hábito de Guevara de anotar todas las incidencias de su vida, estos escenarios de los fusilamientos en la Fortaleza de la Cabaña habanera pasaron inadvertidos en sus notas y diarios.

Cuatro años después decide el Che Guevara abandonar Cuba definitivamente, una vez que rompe lanzas contra la Unión Soviética, comparándolos a la agresividad y al desprecio del imperialismo estadounidense con los pueblos subdesarrollados, según sus palabras en el discurso en Argel de 1964.

La Dirección General de Inteligencia (DGI) del gobierno revolucionario cubano organiza el intento guerrillero del Congo que, de acuerdo a las notas y comentarios del Che Guevara, conllevaba el objetivo de apoyar las ideas nacionalistas y revolucionarias del asesinado líder congolés Patricio Lumumba. El fracaso rotundo de esta operación guerrillera conduce al Che a su exilio clandestino en Praga.

Después regresa a Cuba en silencio para iniciar la preparación y el entrenamiento con el grupo de guerrilleros cubanos que lo acompañarán a su última jornada bélica en territorio boliviano. En este paso se tropieza con un desencuentro fatal, que sería la traición de Mario Monje y el Partido Comunista Boliviano a su proyecto guerrillero en las montañas de Bolivia, hasta concluir el 8 de octubre de 1967, con su muerte en La Higuera, Bolivia[6].

La patología más marcada en Ernesto Guevara de la Serna, en este sumario coloquial que hemos hecho sobre su vida, es sin lugar a dudas el asma aguda que lo persiguió casi de forma implacable desde niño, y que parece haber impulsado su vida en busca de aventuras fuera de su entorno familiar, sin descontar la importancia de su vocación radical como revolucionario que se inicia en su visita a la mina de Chuquicamata.

El Che demuestra con sus actos de vida revolucionaria que prefería más parecerse a León Trotsky que a Iósif Stalin. Y con esa obsesión existencial por la revolución permanente encontró su muerte en La Higuera, Bolivia.

---

[6] Lee Anderson, John. *Che Guevara*, Grove Press, New York, 1997./ págs. 641–643

Capítulo 2
---------------

# Primeras tensiones entre Fidel y el Che · Discurso en Argel: el Che critica a los soviéticos · Estímulos morales · Psicopatologías sobre el centro y la periferia

> «*Los países socialistas tienen el deber moral de liquidar su complicidad tácita con los países explotadores de Occidente.*»
> (Frase del discurso del Che Guevara en Argel, 1964)

El Che Guevara, al igual que Fidel Castro, propugnaba el foquismo revolucionario al inicio de la revolución cubana desde las montañas orientales de la Sierra Maestra, con el objetivo de extender el movimiento guerrillero hacia las montañas de la Sierra Cristal en el norte de la provincia de Oriente y posteriormente hacia las montañas del Escambray, en la parte central de Cuba, y en las montañas de Pinar del Río, en el occidente.

Sin embargo, paradójicamente, los intentos posteriores de llevar ese foquismo revolucionario al Congo, África, y a Ñancahuazú, Bolivia, como objetivo central de extender la revolución por otras regiones del mundo, resultó un fracaso mayúsculo para el Che Guevara y todos los que propugnaron ese internacionalismo guerrillero en otras regiones del planeta.

El foquismo que el Che Guevara desarrolla en su libro, *La Guerra de Guerrillas*, implicaba concentrar férreamente el mando revolucionario en las montañas en pequeños núcleos guerrilleros, para poco a poco ir ganando espacios de reconocimiento —tanto militar como político— dentro de la población campesina y así poder considerarlo como un estímulo o alternativa para desarrollar un amplio movimiento de masas y producir el derrocamiento del régimen que se combatía.

Para ese desarrollo, el propio autor del libro expresaba algunas condiciones básicas: «Lo primero que hay que establecer es quiénes son los combatientes en una guerra de guerrillas: de un lado tenemos el núcleo opresor y su agente, el ejército profesional, bien armado y disciplinado, que, en muchos casos, puede contar con el apoyo extranjero y el de pequeños núcleos burocráticos, todos abroquelados alrededor de ese núcleo opresor.

Del otro lado, la población de la nación o región donde se desarrolle el núcleo guerrillero. Importante destacar que la lucha guerrillera, de acuerdo a las ideas de Guevara, es una lucha de masas, es una lucha de pueblo: la guerrilla, como núcleo armado, es la vanguardia combatiente popular y su gran fuerza se fundamenta en la masa de la población». Esa era la tesis de Guevara[1].

Esta concepción teórica del foquismo, expuesta por el Che, quiso ser insertada, tanto en el Congo como en Bolivia, con la variante de que en ninguna de las dos regiones distantes la población se sumó con entusiasmo al núcleo de la guerrilla.

Lo mismo pasó en Salta, Argentina, proyecto vinculado al Che Guevara, que concluyó en otro fracaso por la falta de apoyo de la población.

---

[1] Guevara, Ernesto. *Guerrilla Warfare*, Nebraska Press, 1998 / págs. 7-14

Pero valdría la pena añadir, como veremos posteriormente en el desarrollo de la presente investigación, que en estos tres casos, en las poblaciones de Salta (1963), el Congo (1964) y Bolivia (1966), no sólo no se incorporaron a la guerrilla los campesinos u originarios de la zona, sino que terminaron rechazando a los actores y a la misma esencia del proyecto. Y este rechazo abre una interrogante perturbadora sobre la teoría del foco revolucionario.

En el caso cubano (1956-1958), una vez establecido y desarrollado el grupo guerrillero en las montañas de Sierra Maestra, bajo el liderazgo de Fidel Castro, fue decisivo para el desarrollo de ese «foquismo», el apoyo del campesinado de la zona montañosa, el activismo revolucionario del Movimiento 26 de Julio en las ciudades, liderado por Frank País y el rechazo de la clase media cubana a la dictadura del 10 de marzo de 1952.

Ese activismo en las ciudades desarrolló una resistencia cívica que se organizó en todas las regiones y pueblos de la isla, convirtiéndose en el motor impulsor para que el foquismo revolucionario alcanzara el triunfo del primero de enero de 1959.

Es significativo que ese éxito obtenido en Cuba con el derrocamiento de la dictadura de Fulgencio Batista, por la conjunción de la resistencia cívica y el desarrollo del foquismo guerrillero en la Sierra Maestra (1956-1959), liderado por Fidel Castro, no se haya podido repetir en las experiencias posteriores del Che Guevara, que acabamos de mencionar.

En el caso de la experiencia cubana, hay que destacar la existencia de dos sectores dentro del Movimiento 26 de Julio, denominados «el del llano y el de la sierra», que juntos desencadenaron el impulso decisivo, tanto en la guerrilla, como dentro de la resistencia cívica en las ciudades, para neutralizar y debilitar las posibilidades de subsistencia de la dictadura de 1952 y finalmente derrocarla el 31 de diciembre de 1958.

Aunque durante el desarrollo de la revolución cubana contra el gobierno de Batista surgieron tensiones políticas entre ambos grupos —el de la sierra y el del llano— que tuvieron su peor momento o clímax de máxima tensión cuando algunos cuadros cercanos a Frank País, incluyendo a su hermano, Agustín País, acusaron a Vilma Espín de ser la delatora del máximo dirigente santiaguero después de que Frank fuera asesinado en Santiago de Cuba el 30 de julio de 1957.

Pero al margen de esta interrogante polémica por descifrar en el futuro por los historiadores, que no es materia del presente trabajo, no cabe duda que el esfuerzo en conjunto de ambos factores, unido al embargo de armas establecido por el Gobierno de los Estados Unidos al Gobierno de Fulgencio Batista en 1958, crearon las condiciones para el triunfo revolucionario del primero de enero de 1959.

Hay que afirmar que el foquismo revolucionario fue exitoso dentro del marco de la revolución cubana, porque contó con el apoyo solidario de amplios sectores de la clase media cubana, del estudiantado, de la clase obrera y del campesinado, circunstancias que desarrollaremos en el desarrollo del presente capítulo.

Vale destacar que los grupos guerrilleros de las montañas de la Sierra Maestra, de las Sierra de Cristal, del Escambray y de la Sierra de los Órganos durante todo el proceso de la revolución cubana, dirigidos por Fidel, su hermano Raúl, el Che Guevara, Ramiro Valdés, Juan Almeida, Huber Matos, Camilo Cienfuegos, Eloy Gutierrez-Menoyo y Rolando Cubelas, por citar los más destacados comandantes rebeldes, contaron a su favor con los pocos deseos de combatir del propio ejército batistiano, carente de moral combativa por la corrupción gubernamental imperante en las esferas oficiales.

Entre los dirigentes más importantes que actuaban en el llano, vinculados con el Movimiento 26 de Julio, se encontraban Frank País, Vilma Espín, Faustino Pérez, Carlos Franqui, Haydée Santamaría Cuadrado, Armando Hart, René Ramos Latour (Daniel), Manolo Ray, David Salvador y Felipe Pazos, entre otros, la mayoría de tendencia revolucionaria social demócrata o social cristiana, con una visión más abierta de la sociedad, que la que se gestaba entre los dirigentes guerrilleros de la Sierra Maestra, con la excepción del comandante Huber Matos, que nunca tuvo inclinaciones hacia el centralismo estatista y autoritario que proclamaban los más radicales o extremistas de la Sierra, algunos ya con formación marxista, como los casos de Ernesto Guevara y Raúl Castro[2].

A esta dualidad del llano y de la sierra en la contienda cubana de la revolución contra la dictadura de Fulgencio Batista, hay que añadir la presencia en la lucha del Directorio 13 de Marzo, movimiento que se gesta en los predios de la Universidad de La Habana, bajo el liderazgo de José Antonio Echeverría, presidente de la Federación de Estudiantes Universitarios y de pensamiento católico, que muere en la acción del 13 de marzo de 1957 intentando ajusticiar al dictador Fulgencio Batista.

Resulta inapreciable destacar para este pedazo de historia cubana que desentrañamos, el hecho del viaje a México de José Antonio Echeverría en el mes de agosto de 1956, acompañado de sus compañeros estudiantes Fructuoso Rodríguez y Faure Chomón, para coordinar planes de unidad con Fidel Castro y el Movimiento 26

---

2 Franqui, Carlos. *Retrato de familia con Fidel*, Ed. Seix Barral, 1981 / págs. 40-42

de Julio, con el objetivo de establecer la guerra de guerrillas y el apoyo al desembarco del *Granma* que partiría desde un puerto de México.

Existen testimonios de la reacción negativa de Echeverría y sus acompañantes, cuando se percatan, para su sorpresa, de la personalidad egocéntrica y ambiciosa de Fidel Castro[3].

Esta percepción negativa sobre Fidel Castro, que compartieron ampliamente los compañeros del movimiento revolucionario universitario y hasta Frank País, que también estuvo presente en el encuentro en México, fue decisiva para entender algunos acontecimientos posteriores en el desarrollo de la revolución cubana.

Echeverría regresa a La Habana desilusionado con la personalidad y el carácter autoritario de Fidel Castro, lo que para algunos es la génesis del proyecto posterior de organizar el ataque al palacio presidencial en coalición con grupos revolucionarios del Partido Auténtico, liderados por el dirigente Menelao Mora, para liquidar al dictador Fulgencio Batista.

Esto provoca que a las diferencias existentes entre los cuadros del llano y de la sierra dentro del Movimiento 26 de Julio, ahora se suman las diferencias entre los dirigentes de la Sierra Maestra y el Directorio Universitario.

Cuando Echeverría, Mora y otros revolucionarios mueren en el intento de abatir al dictador Fulgencio Batista en el ataque al Palacio Presidencial el 13 de marzo de 1957, desde la Sierra Maestra el propio Fidel Castro asume una posición crítica y define públicamente la acción heroica del Directorio Revolucionario, «como un acto *putshista* contra la revolución cubana de la Sierra Maestra».

---

3 Fernández León, Julio. *José A. Echeverría*, Ed. Universal, 2007 / págs. 385-393

Esta opinión emitida desde la Sierra Maestra, a menos de un mes del evento revolucionario para ajusticiar al dictador Batista en el palacio de gobierno, muestra la dureza con que Fidel Castro era capaz de tratar cualquier estrategia que se apartara del foquismo revolucionario, que el proclamaba.

Estas diferencias van a resultar esenciales para entender posteriormente la oposición temprana de elementos revolucionarias contra la tendencia centralista y autoritaria de Fidel Castro en los primeros años del triunfo revolucionario (1959-1961).

Una vez alcanzado ese triunfo el primero de enero de 1959 sobre la dictadura de Batista (1952-1958), con la huida precipitada de éste, el Che Guevara mantiene su fidelidad conocida al foquismo de Mao y a la revolución permanente de Trotsky, mientras que Fidel Castro comienza a moverse amistosamente y con cierta premura hacia la Unión Soviética, en busca de concesiones, subsidios económicos y armamentos, lo que logra en un tiempo relativamente rápido[4].

Comienza entonces la inserción de Cuba en el escenario de la Guerra Fría, bajo el manto protector de la Unión Soviética, un proceso incipiente entonces, que termina alejando al Che Guevara de la Cuba comunista de Fidel Castro, como analizaremos en el resto del presente libro.

En esta coyuntura de 1959, se dio en Cuba una situación parecida a la que ocurrió durante la revolución bolchevique en 1922, con el ascenso de Iósif Stalin al poder, cuando Trotsky lo acusó de ser «el sepulturero de la revolución» y el mismo Vladimir Lenin alertó de los inmensos peligros para la revolución rusa de elegir a Stalin a la máxima dirección del partido.

---

[4] Blasier Cole. *The Hovering Giant*, Published U. of Pittsburgh, 1985 / págs. 195-200

Stalin, sin mucha dilación, comienza el oscuro proceso de aplastar con sangre la democracia interna del partido bolchevique y por esa vía se convierte en el gran dictador. En ese proceso desaparecieron paulatinamente los dirigentes revolucionarios de la talla de Trotsky, Kamenev y Bugarin, por citar algunas entre las cabezas más visibles[5].

En un paralelismo singular y a su estilo, Fidel Castro aplastó la democracia prometida por la revolución, y eso costó la vida o la prisión política —en esos años primerizos— a los principales dirigentes no comunistas de la revolución cubana, como Humberto Sorí Marín, Huber Matos y Porfirio Ramírez, todos comandantes del Ejército Rebelde.

Inicialmente en materia económica, tanto Fidel Castro, como su hermano Raúl y el Che Guevara, abanderan en Cuba lo que el académico y economista, Carmelo Mesa Lago, denomina el primer ciclo idealista de la economía (1959-1966) en la revolución cubana[6].

Este ciclo que expone Mesa-Lago en su trabajo está caracterizado por el voluntarismo y planes económicos descabellados y centralizados en el Estado, como el de sembrar café Caturla en los alrededores de La Habana y desecar la Ciénaga de Zapata para convertirla en un área de tierra para sembradíos.

Fidel Castro paulatinamente fue recibiendo la presión de la Unión Soviética para sustituir estos principios extremos de idealismo y voluntarismo económico, por una planificación ordenada que incluyera estímulos materiales y un control contable de las operaciones fi-

---
5 Deutscher, Isaac. *La Revolución inconclusa*, Ediciones Era, 1967./ págs. 158-172
6 Mesa-Lago, Carmelo. *Cuba en la era de Raúl Castro*, Editorial Colibrí, 2012 / págs. 25-52

nancieras, vinculadas a la eficiencia empresarial, a la planificación y al mercado socialista.

En esta dinámica, Fidel Castro terminó cediendo a esas presiones políticas de los soviéticos, aunque siempre intentando mostrar rasgos de rebeldías y de posturas de independencia revolucionaria.

Desde el mismo triunfo del proceso revolucionario de 1959, Fidel Castro inicia una dinámica autoritaria al desviar la revolución hacia el marxismo que genera que los revolucionarios de tendencia social demócrata y social cristiana se aparten del gobierno revolucionario o sean apartados represivamente sin otras opciones o posibilidades.

Esta tendencia autoritaria y unipersonal de Fidel Castro, desencadena una lucha tenaz y sin cuartel para derrocar su gobierno dirigida por los cuadros revolucionarios no comunistas, que encuentra al gobierno de Estados Unidos de Norteamérica dispuesto a colaborar, al menos teóricamente, con esa variada y extensa oposición política cubana.

No podemos evadir que este proceso de distanciamiento de los primeros revolucionarios que se apartan del gobierno revolucionario comienza con la destitución del presidente revolucionario Manuel Urrutia (1959), que había defendido a Fidel Castro durante el juicio del Moncada (1954) y había sido nombrado presidente al inicio del proceso revolucionario de 1959.

Estos distanciamientos y conflictos dentro de la revolución cubana prosigue con la renuncia del primer ministro José Miró Cardona (1959); la renuncia y exilio del Jefe de la Aviación, comandante Pedro Luis Díaz Lanz (1959) y la sorpresiva renuncia y condena a prisión del comandante Huber Matos (1959), jefe militar de la provincia de Camagüey.

Por otra parte, la denuncia de sectarismo contra el grupo revolucionario —Directorio 13 de marzo— por la posesión de las armas en el cuartel militar de San Antonio (1959) y la descalificación pública del grupo guerrillero del Segundo Frente del Escambray (1959), ambos hechos desencadenados de forma pública por parte de Fidel Castro, agudizan las tensiones existentes entre los grupos revolucionarios que habían combatido a la dictadura de Fulgencio Batista.

Toda esta purga inicial, unida a la descalificación de Fidel Castro de los revolucionarios de tendencia democrática da inicio a un rápido proceso de militarización y lealtad al caudillo en jefe dentro del ejército rebelde. Los revolucionarios que rechazaban el autoritarismo de Fidel Castro son purgados, destituidos y algunos encarcelados[7].

Se desencadena todo un proceso de radicalización ideológica y política en Cuba, que terminará, en menos de dos años, con la instauración de un régimen socialista marxista en la isla y el abandono definitivo de los programas democráticos con garantías a la libertad de prensa, elecciones en 18 meses y restauración de la Constitución de 1940, que fundamentaron el programa ideológico político de la revolución cubana, que logró el derrocamiento del dictador Fulgencio Batista el 31 de diciembre de 1959.

Durante ese período se crean las primeras organizaciones de revolucionarios de pensamiento democrático para intentar frenar la radicalización hacia el comunismo de Fidel Castro y su grupo[8].

Inicialmente tanto Fidel como el Che coincidían en propugnar el centralismo revolucionario y la planifica-

---

[7] Suchlicki, Jaime. *Breve historia de Cuba*, Ed. Pureplay Press,/ págs. 200-207
[8] Ros, Enrique. *El clandestinaje y la lucha Armada*, Ed. Universal, 1995 / págs. 61-203

ción estatal en la economía, con elementos muy activos —por parte de ambos— del voluntarismo revolucionario y productivo.

No podemos pasar por alto que los dos dirigentes coincidieron en establecer los Tribunales Revolucionarios y los paredones de fusilamientos, que al principio juzgaron y fusilaron a muchos militares o adeptos de la dictadura de Fulgencio Batista que no pudieron huir de la isla.

Luego esos tribunales continuaron fusilando a ciudadanos comunes que se oponían a la dictadura comunista y también condenaron a los primeros revolucionarios que se opusieron al desvío del régimen cubano hacia el comunismo, como los comandantes y altos oficiales Porfirio Ramírez, Humberto Sorí Marín, Manuel Beatón, Fernando Valle Galindo y Sinesio Walsh, entre otros tantos[9].

La implantación de los fusilamientos nuevamente en la isla en 1959, retrotrajo el proceso revolucionario cubano a la Época Colonial, cuando los españoles ejecutaban a muchos patriotas cubanos, incluyendo a los ocho estudiantes de medicina el 27 de noviembre de 1871.

Es de destacar que el lugar donde más cubanos se fusilaron durante los primeros tiempos del régimen revolucionarios fue en La Fortaleza de la Cabaña, viejo fuerte militar español y que durante la república fue el regimiento de artillería del ejército cubano. El Che Guevara fue el jefe de esta unidad en La Cabaña durante los fusilamientos de los primeros meses de 1959.

Paralelamente a este aspecto de violencia revolucionaria, la revolución cubana decretó la nacionalización de las empresas norteamericanas establecidas en Cuba,

---

9 Encinosa, Enrique G. *Escambray, la Guerra olvidada*, Editorial SIBI, 1989 /págs. 137-165

que afectó a poderosos e influyentes intereses americanos en la isla y que provocó la ira del gobierno del presidente de Estados Unidos, Dwight Eisenhower, que estimuló inmediatamente un programa, desde la Casa Blanca, para incentivar el derrocamiento del régimen de Fidel Castro.

Fidel Castro toma la decisión de acercarse a la Unión Soviética, invitando a Anastas Mikoyan, Viceprimer Ministro de la Unión Soviética, a visitar la isla en el mes de febrero de 1960, en busca de forjar una alianza económica y militar estrecha con los comunistas soviéticos (URSS). Mientras tanto, el Che prosigue con su plan de industrializar a Cuba, con movilizaciones por toda la isla, manteniendo a su vez el trabajo voluntario, como uno de los motores principales de su visión estratégica para el desarrollo de la economía y la esperanza de formar el hombre nuevo a través del voluntarismo dentro del proceso revolucionario.

La economía cubana inaugura en 1959 un largo proceso de improvisaciones, controles estatales y estímulos morales que desarticularon el eficiente mecanismo productivo capitalista que imperaba en la isla.

Al triunfo de la revolución cubana de 1959, Cuba se encontraba entre los países latinoamericanos más prósperos económicamente y más desarrollados socialmente, a la par de Argentina, Uruguay, Chile y Costa Rica.

Los años y las décadas subsiguientes marcan el deterioro de la pujanza productora de Cuba antes de 1959, producto del centralismo imperante, de los desaciertos del voluntarismo inicial y de un estatismo irracional que se aplicó a todos los niveles de la economía nacional.

Por otra parte se produce la consolidación política del proceso revolucionario de Fidel Castro, por el fracaso de la invasión de Playa Girón, organizada y dirigida por la Agencia Central de Inteligencia (CIA) de los Estados

Unidos, más la derrota de los focos revolucionarios anticastristas en las montañas del Escambray, en Pinar del Río, en la Sierra Maestra y en los llanos de la provincia de Matanzas, por falta de armamentos para combatir.

A todo lo anterior se suma la desarticulación del movimiento clandestino que operaba en todas las ciudades de Cuba, con el objetivo de articular una red conspirativa para dar al traste con el gobierno de Fidel Castro.

La Crisis de los Misiles en 1962 entre los Estados Unidos y la Unión Soviética —descubierta el 15 de octubre— demostró que Fidel Castro había permitido la instalación de bases de misiles nucleares soviéticos en territorio cubano, lo que pone en evidencia que su relación con la Unión de Repúblicas Socialistas (URSS) se había consolidado hasta tal punto de agresividad contra los Estados Unidos.

Ante el bloqueo militar de los Estados Unidos, ordenado por el presidente John F. Kennedy, los soviéticos retiraron los misiles de Cuba sin el consentimiento y en contra de la voluntad de Fidel Castro.

Esto confirmó que el régimen cubano no tenía ninguna autoridad para decidir sobre un asunto tan importante y que afectaba directamente la soberanía del país.

Este diferendo provocado por los misiles soviéticos instalados en Cuba puso al desnudo el odio de Fidel Castro hacia Estados Unidos y su carencia de escrúpulos para manejar las relaciones políticas con estados adversos. Además, reveló el grado de control que la Unión Soviética tenía sobre el régimen cubano

Dentro de este contexto de los primeros años del proceso revolucionario cubano, llegamos a los años de 1964 y 1965, que fueron testigos de constantes viajes del Che Guevara al Congo, Guinea, Egipto y China, más sus intervenciones en foros internacionales, tratando de impulsar los focos guerrilleros marxistas en el continente africano para liberarla de las estructuras colonialistas todavía existentes en la mayoría de los países y negociar con algunos dirigentes africanos la posible participación de guerrilleros cubanos en los procesos de liberación insurreccional existentes en esos lugares.

El 25 de febrero de 1964, que pudo haber pasado inadvertido para la historia de la revolución cubana, señala un punto de inflexión importante en el desarrollo de la presente investigación, porque aceleró el distanciamiento ideológico —tal vez el inicio del rompimiento— entre Fidel Castro y el Che Guevara[10].

En esa fecha el Che —a su paso por Argel— expresó en el Segundo Seminario Económico de Solidaridad Afroasiática, en un trascendental discurso político, su desacuerdo con la visión mercantilista de la Unión Soviética en su ayuda a los movimientos guerrilleros y a los países subdesarrollados.

La denuncia del Che no solamente señalaba a los soviéticos como mezquinos, sino que los acusaba de ejercer una acción cómplice de explotación imperialista, similar a la de Estados Unidos.

Esta discrepancia pública del Che con los soviéticos manifestada en Argel, mientras Fidel Castro proseguía una dinámica de consolidar poco a poco la colaboración estrecha con la Unión Soviética (URSS) en todos los ámbitos posibles de la vida nacional cubana, representa el punto de inflexión o de rompimiento, al menos ideológico y político, entre Fidel Castro y el Che Guevara.

Leamos fragmentos reveladores de su discurso:

«Las verdades del socialismo, más las crudas verdades del imperialismo, fueron forjando a nuestro pueblo y enseñándole el camino que luego hemos adoptado

---

10 Lee Anderson, John. *Che Guevara*, Grove Press, NY, 1997 / págs. 546–547 / 586–588

conscientemente. Los pueblos de África y de Asia que vayan a su liberación definitiva deberán emprender esa misma ruta; la emprenderán más tarde o más temprano, aunque su socialismo tome hoy cualquier adjetivo definitorio.

»No hay otra definición del socialismo, válida para nosotros, que la abolición de la explotación del hombre por el hombre. El desarrollo de los subdesarrollados debe costar a los países socialistas, de acuerdo. Tampoco se puede pretender la confianza de los países socialistas cuando se juega al balance entre el capitalismo y el socialismo, y se trata de utilizar ambas fuerzas como elementos contrapuestos para sacar de esa competencia determinadas ventajas. Una nueva política de absoluta seriedad debe regir las relaciones entre los dos grupos de sociedades. Es conveniente recalcar, una vez más, que los medios de producción deben estar preferentemente en manos del Estado, para que vayan desapareciendo gradualmente los signos de la explotación.

»El desarrollo de los países que empiezan ahora el camino de la liberación debe costar a los países socialistas. Lo decimos así, sin el menor ánimo de chantaje o de especularidad, ni para la búsqueda fácil de una aproximación mayor al conjunto de los pueblos afroasiáticos; es una convicción profunda.

»Creemos que con este espíritu debe afrontarse la responsabilidad de ayuda a los países dependientes y que no debe hablarse más de desarrollar un comercio de beneficio mutuo basado en los precios que la ley del valor y las relaciones internacionales del intercambio desigual, producto de la ley del valor, oponen a los países atrasados. ¿Cómo puede significar beneficio mutuo vender a precios de mercado mundial las materias primas que cuestan sudor y sufrimiento sin límite a los países atrasados y comprar a precios de mercado mundial las máquinas producidas en las grandes fábricas automatizadas del presente? Si estas son las relaciones, los países socialistas son en cierta manera cómplices de la explotación imperial. Los países socialistas tienen el deber moral de liquidar su complicidad tácita con los países explotadores de Occidente».

»No puede existir socialismo si en las conciencias no se opera un cambio que provoque una nueva actitud fraternal frente a la humanidad, tanto de índole individual, en la sociedad en que se construye o está construido el socialismo, como de índole mundial en relación a todos los pueblos que sufren la opresión imperialista.

»Por lo tanto a los países socialistas les interesa como cosa vital que se produzcan efectivamente estos desgajamientos y es nuestro deber internacional, el deber fijado por la ideología que nos dirige, el contribuir con nuestros esfuerzos a que la liberación se haga lo más rápida y profundamente que sea posible.

»Ante el ominoso ataque del imperialismo norteamericano contra Vietnam o el Congo debe responderse suministrando a estos países hermanos todos los elementos de defensa».

A partir de este momento histórico, puede afirmarse que el Che comienza a alejarse de Cuba y de Fidel Castro porque, para él, la revolución era la prioridad en su vida y no estaba en disposición de supeditarla ni supeditarse a los intereses económicos y políticos de la Unión Soviética.

Toda esta discrepancia de visión sobre el papel de los soviéticos desencadenó la famosa discusión al regreso de su viaje de Argel, entre el Che, Fidel y Raúl, donde este último acusó a Guevara de trotskista, sin que Fidel saliera en defensa del argentino.

A partir de esta discusión, comienza el distanciamiento del Che de los centros de poder revolucionario en Cuba. Ya en estos momentos, tanto la visión y la manera de pensar de Fidel como la del Che, muestran diferencias divergentes irreconciliables, en cuanto al manejo de la economía cubana, la naturaleza de la Unión Soviética y el papel de cada uno de ellos ante la historia.

Todo este ambiente de crisis provoca que el Che decida tomar otros derroteros lejos de Cuba. Vienen entonces los preparativos del proyecto revolucionario en el Congo, pues ya entonces había fracasado el proyecto de Salta, Argentina. Posteriormente veremos surgir el proyecto en Bolivia.

El Che intenta convencer a los chinos en sus múltiples viajes para que lo ayuden en el Congo, pero lo que quieren los chinos es que él regrese a Cuba a defender sus ideas contra las ideas de la Unión Soviética.

Estos proyectos guerrilleros del Che muestran evidencias de improvisaciones e irresponsabilidades, que contradicen el marco teórico del foquismo revolucionario y de la estructura de la guerra de guerrillas en busca del apoyo de las masas para lograr el triunfo revolucionario.

A esto se suma la propia psicopatología del Che Guevara, desencadenada por el asma aguda que lo aqueja desde su niñez y que le provoca dos sintomatologías evidentes en su personalidad: la primera, la huida permanente hacia la periferia en busca de aire puro; y la segunda, un patrón de desprecio y de violación de derechos humanos hacia los demás que discrepan de sus puntos de vista.

Estos dos factores en su personalidad explican como se recrean en la mente del Che, los proyectos del foquismo guerrillero en otras áreas en busca de encontrar un paraíso para su revolución permanente, y en otro término, esa emocionalidad hostil y agresiva hacia sus enemigos, que explica su conducta de revolucionario intransigente y violento[11].

El error de Guevara en su permanente búsqueda en la periferia, para crear el foco guerrillero fue básicamente descuidar las propias condiciones teóricas requeridas que se cumplieron en el caso de la revolución cubana.

Con el proyecto guerrillero del Che en el Congo, se iniciaba dentro de la revolución cubana lo que algunos autores, entre ellos el escritor Luis Ortega, definen como el «guevarismo», un enfoque delirante y universal por hacer la revolución que se aparta de la ortodoxia marxista delineada por la Unión Soviética[12].

Para el Che era esencial su fórmula de escapar del centro, dominado en este caso por los soviéticos y para Fidel Castro, mantener viva desde su centro de poder la llama de la lucha revolucionaria contra el imperialismo, pero en alianza con los soviéticos.

El Che sigue mostrando su pasión por deambular por el mundo, que al principio consistió en dejar a sus padres, a su núcleo familiar y a su país en su famoso viaje en moto con Alberto Granado.

Posteriormente lo justifica por la revolución en otras áreas del mundo. En ese andar revolucionario vemos su alejamiento de Hilda Gadea, su primera esposa y madre de Hilda Guevara, y finalmente deja atrás al gobierno de Fidel Castro en busca de otros horizontes de lucha.

En este último alejamiento del gobierno de Fidel Castro, también se aleja de Aleida March y la deja con la enorme responsabilidad de criar y educar a los cuatro hijos de ambos.

---

11 Lovett, Joan. *La curación del trauma infantil.* Editorial Pardos Ibérica, 2000

12 Ortega, Luis. *Yo soy el Che.* Espuela de Plata, 2009 / págs. 294-301

Fidel Castro sigue mostrando entonces y, como siempre, su gran amor por controlar el centro, el poder, su fórmula es no separarse de él ni una pulgada. Ese era su verdadero pragmatismo que rehúye riesgos innecesarios y que lo impulsan definitivamente a alinearse con las fórmulas de la Unión Soviética.

Para el Che Guevara, huir a la periferia, con la misión de escribir sus poemas y alentar el foquismo revolucionario, significaba cumplir con su misión de aplastar al imperialismo norteamericano, una obligación o hasta una pasión casi permanente y sin fin en su vida.

Las ideas y la ejecutoria revolucionaria de León Trotsky vivían dentro del pensamiento del Che Guevara, pero el Che carecía de la genialidad organizativa del ruso, aunque ambos mostraron rasgos de ingenuidad que los condujeron a la muerte violenta.

Capítulo 3
---------------

Rumbo al Congo · Conversación con
Gamal Abdel Nasser · Fidel hace pública su
carta de renuncia, lo que disgustó al Che ·
Huida apresurada del Congo

> «*Durante estas últimas horas de permanencia en el Congo me sentí solo, como nunca lo había estado, ni en Cuba ni en mi peregrinar por el mundo. Jamás como hoy he vuelto con todo mi camino a verme solo.*»
> [Pasajes de la Guerra Revolucionaria (Congo) *escritos por el Che en 1965 y editado y publicado por el gobierno de Fidel Castro, 40 años después*].

El Che desaparece del escenario nacional cubano el 22 de marzo de 1965, dos meses después de su última visita a China. Su animadversión manifiesta contra la Unión Soviética, expresada a principios de ese año en Argel, durante el Segundo Seminario Económico de Solidaridad Afroasiática, lo obligan a alejarse de Cuba.

En sus frases más punzantes del discurso el 24 de febrero de 1965, durante el Segundo Seminario Económico de Solidaridad Afroasiática, el Che proclama:

«No hay otra definición del socialismo, válida para nosotros, que la abolición de la explotación del hombre por el hombre. El desarrollo de los países que empiezan ahora el camino de la liberación, debe costar a los países socialistas. Lo decimos así, sin el menor ánimo de chantaje o de especularidad, ni para la búsqueda fácil de una aproximación.

»¿Cómo puede significar beneficio mutuo vender a precios de mercado mundial las materias primas que cuestan sudor y sufrimiento sin límite a los países atrasados y comprar a precios de mercado mundial las máquinas producidas en las grandes fábricas automatizadas del presente?

»Si estas son las relaciones, los países socialistas son en cierta manera cómplices de la explotación imperial. Los países socialistas tienen el deber moral de liquidar su complicidad tácita con los países explotadores de Occidente».

Este argumento del Che contra la Unión Soviética y demás países socialistas, expuesto con claridad en Argel, se convirtió para él en un «leitmotiv» político que expresaba en la mayoría de los cónclaves y reuniones privadas en las cuales participó por esa época.

En un libro de Orlando Borrego, asistente principal del Che Guevara y uno de sus mejores amigos, *Che: el camino de fuego*, publicado por Ediciones Hombre Nuevo, Buenos Aires, 2011, se confirma esta línea de pensamiento muy crítica con los lineamientos socioeconómicos de los soviéticos.

Todo este material del libro lo recibió Borrego directamente de la pluma de Guevara, a través de Aleida March, durante el tiempo en que el Che estuvo escondido en Praga (1965), después del fracaso de la guerrilla en el Congo.

Pero lo más trascendental y explosivo de la temática del libro escrito por Borrego con los materiales del Che, es que profetiza la implosión de la Unión Soviética —heredera directa de los desmanes de Iósif Stalin en la historia moderna— un cuarto de siglo antes de que ocurra su derrumbe estrepitoso y desaparezca de la faz de la tierra como fórmula o institución política viable.

«El estudio sereno de la teoría marxista y de los hechos recientes nos colocan en críticos de la URSS. Creemos importante el material, porque la investigación marxista en el campo de la economía está marchando por peligrosos derroteros. Al dogmatismo intransigente de la época de Stalin, ha sucedido un pragmatismo inconsistente. Y, lo que es más trágico, esto no se refiere solamente a un campo de la ciencia; sucede en todos los aspectos de la vida de los pueblos socialistas, creando perturbaciones ya enormemente dañinas pero cuyos resultados finales son incalculables. La superestructura capitalista fue influenciando cada vez en forma más marcada las relaciones de producción y los conflictos provocados por la hibridación que significó la NEP que se están resolviendo hoy a favor de la superestructura: se está regresando al capitalismo»[1].

Esta manera de pensar de Ernesto Guevara, en palabras de Orlando Borrego, su más cercano amigo y colaborador, lo distanció de forma irreversible y categórica de la Unión Soviética y por ende o carambola directa, de Fidel Castro.

La elección de ir a África —dejando a Cuba atrás— fue inicialmente una idea del propio Guevara, en su obsesión revolucionaria por salvar la memoria de Patricio Lumumba, ejecutado a principios de 1961 en su lucha en pro de independizar al Congo de la influencia colonial belga y así convertirlo en un país revolucionario.

Pero lo curioso de buscar en el Congo su próximo destino, analizado en todas sus variantes potenciales, representaba realmente un fracaso anticipado con po-

---

[1] Borrego, Orlando. *Che: el camino de fuego*. Ediciones Hombre Nuevo, Buenos Aires, 2001.

cas posibilidades de escape para los participantes en ese proyecto guerrillero, en virtud de los intereses económicos capitalistas muy sensibles que predominaban en ese país africano, que unido al tribalismo existente y a la confrontación chino-soviética, daba poca cabida para el desarrollo de ese proyecto guerrillero.

La inteligencia del gobierno cubano debió saber con anticipación, a pesar de todas las maniobras que hizo en África para contrarrestar conjuntamente con los soviéticos el trabajo de penetración de la República Popular China en ese continente, que la guerrilla de Guevara en el Congo era un proyecto altamente peligroso[2].

Los envíos cubanos de armamentos y hombres al Congo en esta etapa, financiados por los soviéticos, llevaban más una intención de prestigio político ante los revolucionarios marxistas del continente africano, por parte de Fidel Castro, que de lograr una verdadera liberación real de los nexos colonialistas existentes en ese país.

Fidel Castro intentaba compensar la visión de solidaridad y pureza revolucionaria que ya el Che había proyectado con sus críticas a la Unión Soviética y a los Estados Unidos y por otra parte intentaba amortiguar el daño político que le había causado la crisis de los cohetes en 1962.

Una vez que Guevara rompe lanzas contra la Unión Soviética, sus posibilidades de seguir dentro de la estructura de poder en Cuba quedan descartadas en primera instancia por Fidel Castro, y en un segundo plano por los propios soviéticos, que lo querían distante del escenario cubano.

Obviamente al gobierno de Castro no le resultaba fácil expulsar a Guevara de Cuba por el prestigio que el

---

2 Benemelis, Juan. *Castro, Subversión y Terrorismo en África*. Ed. S. Martín,1988 / págs. 50-51

Che tenía internacionalmente. Sobre todo, porque la revolución cubana había entregado su destino y sus principales hilos del poder a la Unión Soviética, que todavía mantenía algunos rezagos de estalinismo.

El Che vuelve a alejarse del centro, de su hogar, de Cuba —en este caso de su nicho como ministro del gobierno de la revolución cubana— y se dirige nuevamente hacia la periferia, lo desconocido, nuevos derroteros revolucionarios, sin descartar ese romanticismo revolucionario que encajaba perfectamente con su personalidad aventurera.

El Che dice adiós nuevamente a su familia, en esta oportunidad en calidad de padre no de hijo, como queriendo mirar al horizonte lejano en busca de encontrar un lugar seco que cure su asma asfixiante, de una vez y por todas, y que dé vida a su obsesión revolucionaria de trotskista inveterado.

En esta oportunidad deja a Aleida, su esposa, con varios hijos y aparentemente enamorada sinceramente de él. Pero en el objetivo del Che por crear un foco guerrillero en África, el núcleo familiar que abandona era menos importante y decisivo en su vida, como le confesara personalmente a Nasser en el diálogo que sostuvieron en El Cairo en 1964.

Pero más insensible aún que este comentario con el líder egipcio es el que sostiene con la misma Aleida March, su esposa, cuando le aconseja que no dude en volver a casarse si no regresara con vida de esta jornada africana[3].

El objetivo de la guerrilla en el Congo, no pudo ser un pretexto más acertado para sacar al Che de Cuba sin ningún tipo de trauma ni de tensión pública. Salió feliz de la isla, porque para él la misión era rescatar la

---

3 Lee Anderson, John. *Che Guevara*. Grove Press, New York,1997 / pág. 591

bandera revolucionaria de Patricio Lumumba. Además, emocionalmente necesitaba volver a la periferia.

El Che deja una carta a sus padres, que como un misterio inentendible, el gobierno revolucionario de Fidel Castro nunca envió a los progenitores. De la carta se supo años después de su muerte.

«Carta de despedida del Che a sus padres
»1 de abril de 1965
»Queridos viejos:
»Otra vez siento bajo mis talones el costillar de Rocinante, vuelvo al camino con mi adarga al brazo. Hace de esto casi diez años, les escribí otra carta de despedida. Según recuerdo, me lamentaba de no ser mejor soldado y mejor médico; lo segundo ya no me interesa, soldado no soy tan malo. Nada ha cambiado en esencia, salvo que soy mucho más consciente, mi marxismo está enraizado y depurado. Creo en la lucha armada como única solución para los pueblos que luchan por liberarse y soy consecuente con mis creencias. Muchos me dirán aventurero, y lo soy, sólo que de un tipo diferente y de los que ponen el pellejo para demostrar sus verdades. Puede ser que ésta sea la definitiva. No lo busco pero está dentro del cálculo lógico de probabilidades. Si es así, va un último abrazo. Los he querido mucho, sólo que no he sabido expresar mi cariño, soy extremadamente rígido en mis acciones y creo que a veces no me entendieron. No era fácil entenderme, por otra parte, créanme, solamente, hoy. Ahora, una voluntad que he pulido con delectación de artista, sostendrá unas piernas fláccidas y unos pulmones cansados. Lo haré. Acuérdense de vez en cuando de este pequeño *condotieri* del siglo xx. Un beso a Celia, a Roberto, Juan Martín y Patotín, a Beatriz, a todos. Un gran abrazo de hijo pródigo y recalcitrante para ustedes.

»Ernesto.

El presidente egipcio Gamal Abdel Nasser, en una reunión previa con el Che Guevara en el Cairo, cuando este le informó de sus preparativos para incorporarse a la guerrilla congolesa, le dijo al Che con entera franqueza y con un dejo de ironía brutal, si él se consideraba Tarzán, «porque un blanco como él no tenía nada que hacer dentro de las condiciones existentes en el movimiento guerrillero del continente africano»[4].

En este nuevo ciclo revolucionario el Che llega al Congo, África, con un grupo de guerrilleros cubanos para luchar contra el colonialismo impuesto, según él, por los imperialismos belga y norteamericano.

Su paso de guerrillero por el Congo no fue nada exitoso por el desconocimiento del terreno, la falta de condiciones objetivas en la preparación logística de la guerrilla, en cuanto a armas y líneas de abastecimiento, y lo peor, por la naturaleza de indisciplina y mentalidad mágica que encuentra entre los combatientes congoleses, predominantemente tribalistas más que revolucionarios.

Resulta sumamente gráfica la frase de Emilio Aragonés, alto oficial cubano y gran amigo de Ernesto Guevara, cuando en un rasgo de franqueza singular, en una visita que le hace al amigo ya en territorio del Congo, le dice, «coño, Che, nadie sabe qué cojones hacemos aquí en África...»

Lo más significativo de la expresión de Aragonés es que era tan franca y espontánea como verdadera.

Mientras el rechazo del Che a los soviéticos era a todas luces ya evidente y público, la vinculación amistosa con los chinos se hacía patente cuando en su discurso ante la Asamblea General de las Naciones Unidas el 11 de diciembre de 1964 planteó la incorporación de la República Popular China de Mao Tse Tung a la ONU y

---

4 O'Donnell, Pacho: *Che*. Debolsillo, 2005 / págs. 340-341

pidió a todos los hombres libres del mundo que salieran a vengar la muerte en el Congo de su líder Patricio Lumumba, por parte de los colonialistas belgas y norteamericanos.

A las pocas semanas de haber llegado el Che al Congo, una vez ya instalado en el campamento guerrillero, se percató de varios elementos en la naturaleza de los congoleses que conspiraban fuertemente contra el proyecto guerrillero de liberar el territorio del colonialismo belga:

Primero, la creencia de los congoleses en la pomada mágica —el dawa— una mezcla de un jugo de hierbas que se untaba en la piel y lograba una protección hermética contra las balas enemigas. Los combatientes congoleses creían en ella como un elemento protector infalible.

Segundo, la inclinación por una bebida procesada de la harina de maíz y de la yuca —el pombe— muy popular entre los combatientes y que los emborrachaba con frecuencia inusitada.

Tercero, la indisciplina generalizada entre los guerrilleros por las circunstancias tribales existentes y la falta de formación política. Cada tribu tenía su jefe, como una especie de monarca, para dilucidar todos los grandes problemas cotidianos de la comunidad.

Cuarto, la deserción era una constante entre los guerrilleros congoleses, porque carecían de conciencia para combatir. Esto se explica por la escasa formación política que poseían.

Quinto, uno de los jefes principales de los guerrilleros congoleses, el comandante Kabila, el aliado más cercano del Che, siempre estaba ausente de la zona guerrillera atendiendo problemas de la insurgencia en Dar-el Salam, la capital de Tanzania o en la ciudad costera de Kigoma, según relata el Che en su *Diario*.

Estas características terminaron contagiando inclusive a algunos de los soldados cubanos que habían sido enviados desde la isla con poca preparación militar y psicológica para soportar los rigores de una guerra con ribetes de tribalismo en un continente lejano y desconocido, como también reconoció el propio Guevara en su diario del Congo, *Pasajes de la Guerra Revolucionaria (Congo)*.

Inclusive entre los guerrilleros ruandeses, provenientes del vecino y pequeño país al norte de Tanzania, que se habían incorporado al Ejército de Liberación del Congo, persistían estos vicios y debilidades señaladas anteriormente.

Algunos de los altos jefes congoleses y ruandeses no aparecían nunca en el frente de batalla y lo peor de todo es que, tanto los unos como los otros, eran apáticos y huidizos en el combate, según refleja el propio Che en las notas de su diario en el Congo.

El fracaso de la guerrilla cubana en el Congo deja constancias documentadas de sentimientos encontrados y cierta desconfianza entre Fidel Castro y Ernesto Guevara, entre los soviéticos y los chinos y entre Fidel Castro y dirigentes africanos, como Gamal Adbel Nasser, Sekou Touré, Joseph Mobuto y Kenneth Kuanda[5].

En una entrevista veinte años después con la periodista Gianni Minná, el propio Fidel relata que le había aconsejado al Che esperar y dedicarse a preparar cuadros antes irse para el Congo, lo que de acuerdo a documentos de la época, no era una afirmación del todo cierta ni sincera.

Para los congoleses, por ser un país semifeudal, las diferencias entre el desarrollo y el subdesarrollo, tenían

---

5 Guevara, E. *Pasajes de la Guerra Revolucionaria*. Ocean Sur, 2009 / págs. 56-59 / 213-231

un mayor impacto que la lucha de clases, como establece la teoría política del marxismo-leninismo.

Al final, este tribalismo africano no fue capaz de asimilar el esquema del foquismo guerrillero del Che Guevara, más bien lo rechazó y terminó entendiéndose con más facilidad con los colonialistas belgas y con los norteamericanos, lo que explica que toda la estrategia guerrillera cubana en África se desvaneció aceleradamente[6].

La propia Unión Soviética promovió, una vez que se hizo evidente que el foquismo guevarista fracasaba en África, una solución negociada a espaldas del Che Guevara, pero con el consentimiento notorio de Fidel Castro, del gobierno de Tanzania y de los gobiernos belga y norteamericano, que exigían el retiro del comandante argentino y los guerrilleros cubanos, conjuntamente con el retiro de los mercenarios belgas, liderados por Mike Hoare.

Esta negociación de los soviéticos con los belgas implicaba el apoyo al presidente Joseph Kasavubu, aliado de Estados Unidos y uno de los responsables del atentado a Patricio Lumumba, líder revolucionario congolés, unos años antes.

Posteriormente Kasavubu fue depuesto por un golpe de estado liderado por Joseph Mobuto (uno de sus generales), aunque ambos —Kasavubu y Mobuto— obtuvieron en el proceso de negociación el apoyo de la Unión Soviética e indirectamente de Fidel Castro, para poner fin al proyecto guerrillero de Guevara en el Congo.

Mientras esto ocurría en el continente africano, en La Habana se transformaba el Partido Unido de la Revolución Socialista Cubana (PURSC) en el Partido Comu-

---

6 Benemelis, Juan. *Castro, Subversión en África.* Ed. S. Martín, 1988 / págs. 176-177

nista Cubano (PCC), bajo el asesoramiento entusiasta de la Unión Soviética.

Esto obliga al Che Guevara, desde territorio africano, a buscar apoyo entre los dirigentes de la República Popular China para intentar desesperadamente que su proyecto guerrillero en el Congo no muera, pero realmente no lo logra.

En el discurso de apertura del naciente Partido Comunista Cubano el 3 de octubre de 1965, Fidel Castro defiende apasionadamente a la Unión Soviética y hace punzantes críticas a la República Popular China.

En entrevistas posteriores en los periódicos *Marcha* de Uruguay y *Al Taliah* en Egipto, el Che renovó sus planteamientos solidarios con el reconocimiento de los chinos en Naciones Unidas y volvió por sus fueros a criticar los métodos soviéticos que se aplicaban equivocadamente en la economía cubana.

No cabe dudas de que el Che Guevara era insistente y obsesivo en su visión equivocada de que en África se daría la batalla para derrocar al imperialismo, cuando realmente el continente distaba mucho de tener las condiciones apropiadas para ese objetivo revolucionario mundial.

Por eso el desenlace de la aventura guerrillera en el Congo no pudo ser más desalentador para los revolucionarios cubanos, incluyendo a su jefe guerrillero argentino.

Leamos algunos fragmentos del libro que recoge esta triste experiencia del Che en el Congo, que escribió en Praga y que nunca, como un misterio inentendible, el gobierno cubano se ha atrevido a publicar íntegramente.

La decisión de publicar, cuarenta años después de haber sido escrito por el Che, una versión editada y fragmentada de *Pasajes de la Guerra Revolucionaria*

*(Congo)*, es una evidencia formidable de las dobleces de Fidel Castro con la memoria de Ernesto Guevara.

De todas formas, a pesar del trabajo de censura en la edición del libro publicado en el 2009, leyendo algunos momentos del recuento del Che sobre la guerrilla del Congo, es fácil percatarse de la dimensión del desastre.

Esta parte del diario se refiere al momento de la dura decisión de retirarse del Congo, y así lo describe el Che: «La forma en que los compañeros congoleses verían la evacuación me parecía denigrante; nuestra retirada era una simple huida y, peor, éramos cómplices del engaño con que se dejaba a la gente en tierra. Por otro lado, ¿quién era yo ahora? Me daba la impresión de que, después de mi carta de despedida a Fidel, los compañeros empezaron a verme como un hombre de otras latitudes, como algo alejado de los problemas concretos de Cuba, y no me animaba a exigir el sacrificio final de quedarnos. Pasé así las últimas horas, solitario y perplejo y, al fin, a las dos de la mañana llegaron los barcos con la tripulación cubana, que había arribado esa misma tarde e inmediatamente se había puesto en camino. Era demasiada gente para las lanchas y la hora muy avanzada, puse como límite de salida las tres de la mañana; a las cinco y media sería de día y estaríamos en la mitad del lago. Se organizó la evacuación; subieron los enfermos, luego todo el Estado Mayor de Masengo, unas cuarenta personas elegidas por él, subieron todos los cubanos, y empezó un espectáculo doloroso, plañidero y sin gloria; debía rechazar a hombres que pedían con acento suplicante que los llevaran; no hubo un solo rasgo de grandeza en esa retirada, no hubo un gesto de rebeldía. Estaban preparadas las ametralladoras y tenía los hombres listos por si, siguiendo la costumbre, querían intimidarnos con un ataque desde tierra, pero nada de eso se produjo, solo quejidos, mientras el jefe de los huidizos imprecaba al compás de las amarras al soltarse.

»Pasamos el lago sin problemas a pesar de la lentitud de las lanchas y, en pleno día, llegamos a Kigoma, teniendo de compañero de arribo el barco de carga que hacía la travesía entre Albertville y este puerto.

»Parecía que se hubiera roto una amarra y la exultación de cubanos y congoleses desbordaba como líquido hirviente el pequeño recipiente de los barquitos, hiriéndome sin contagiarme; durante estas últimas horas de permanencia en el Congo me sentí solo como nunca lo había estado, ni en Cuba ni en ninguna parte de mi peregrinar por el mundo. Podía decir: ¡Jamás como hoy he vuelto con todo mi camino a verme solo!»

No hace falta ser muy buen entendedor para saber que las amistosas relaciones del Che Guevara con los chinos, por todos conocidas, tienen que haber tenido consecuencias desastrosas para el desenlace final del Che y sus guerrilleros cubanos en el Congo, por el papel que terminó jugando la Unión Soviética en la negociación que sacó a Guevara abruptamente de territorio africano.

Si se revisa con precisión el escenario congolés antes de la llegada de Guevara a ese territorio en 1965, nos encontramos con la intervención de Bélgica, Estados Unidos, Sudáfrica y los paracaidistas cubanos exiliados, con el visto bueno de Naciones Unidas.

En esta Operación Dragón Rojo participaron 450 soldados belgas de una división élite de paracaidistas, donde Estados Unidos garantizaba el transporte aéreo y la inteligencia militar a cargo de la CIA, más los aviones pilotados por pilotos cubanos radicados en territorio de Estados Unidos, mientras los sudafricanos sitiaban la ciudad.

Ese mismo año, 1965, en medio del esfuerzo del Che por estimular la guerrilla congoleña, Joseph Mobuto tomaba el poder en el Congo, con el apoyo de los países occidentales, e inclusive con la anuencia cómplice de la Unión Soviética.

Teniendo en cuenta todas estas circunstancias adversas y complicadas, tenemos que admitir que el Che Guevara llegó tardíamente al Congo para intentar liberarlo del colonialismo.

Los grupos revolucionarios, que habían resurgido en la época poscolonial, estaban todos huyendo ante el avance arrollador de los belgas y sudafricanos. Por esa época, se había puesto al rojo vivo el enfrentamiento de Fidel Castro con Mao Tse Tung por la decisión de la dirigencia cubana de participar en el Congreso de Partidos Comunistas (prosoviéticos) que se celebró en La Habana y cuyo objetivo principal era la expulsión de China del campo comunista internacional.

Al Che Guevara, desde el homenaje que le ofreció Chou en Lai en La Gran Sala del Pueblo (1961), se le veía con inclinaciones por buscar una colaboración estrecha con los chinos.

Además eran evidentes sus desavenencias públicas con la metodología soviética[7].

Este marco político en el continente africano cambia de forma drástica precisamente desde principios de 1965 hasta 1966 por los golpes de estado impulsados por el tribalismo político y por el enorme poder de influencia de los factores belgas y norteamericanos en el continente.

En Argelia, el presidente Ben Bella, el gran aliado de Fidel Castro y amigo del Che Guevara, es derrotado por un golpe de Estado en 1965. En esos momentos en territorio argelino funcionaban unos 20 campamentos de entrenamiento guerrillero, financiados en parte por

---

7 Castañeda, Jorge G. *La vida en rojo*. Alfaguara, 1997 / págs. 232-233

Cuba con el apoyo financiero de la URSS. Todos estos campamentos fueron clausurados inmediatamente después de la caída de Ben Bella.

Un año después, Kwame Nkrumah, presidente revolucionario de Ghana, es derrotado por otro golpe de estado alentado por Estados Unidos y Bélgica.

Durante todo ese año 1965-1966 se produce el retroceso del movimiento guerrillero y revolucionario en el Congo, la caída en manos de las fuerzas no comunistas de las principales ciudades y puertos del país, lo que genera que las fuerzas guerrilleras se vean obligadas a replegarse hacia la frontera norte con Sudán.

En otro ángulo de este complejo y contradictorio panorama, la publicación o lectura de la carta personal de despedida del Che dirigida a Fidel, el 3 de octubre de 1965, provocó una dura reacción por parte de Guevara, que no entendió por qué Fidel la hacía pública, poniendo en peligro su vida porque le hacía saber a los servicios de inteligencia enemigos que abandonaba la isla y se dirigía hacia otros parajes.

Lo más grave fue que el Che supuso, no sin razón, que en la intención de Fidel Castro al leer su carta estaba implícita la decisión de cerrarle las posibilidades de regreso a Cuba como funcionario cubano.

Cuenta el guerrillero Daniel Alarcón Ramírez, alias Benigno —uno de los más cercanos lugartenientes del Che—, actualmente exiliado en París y muy fiel a Guevara en toda su vida como revolucionario, que cuando el Che se enteró de que Fidel había leído su carta en un acto para anunciar la creación del Partido Comunista en La Habana, estrujó su gorra y dijo con indignación: «las cosas están tomando otro curso, pues se están violando acuerdos entre amigos y entre sombras asoma el culto a la personalidad, Stalin parece que no ha muerto»[8].

Llega entonces la profunda sensación de soledad que el Che confiesa en su diario cuando tiene que abandonar el Congo y cruza en apresurada huida el lago Tanganika hacia Tanzania: «Jamás como hoy he vuelto con todo mi camino a verme solo».

Pero lo más grave y comprometedor para Fidel Castro en estas circunstancias de desastre en el Congo, y el Che Guevara lo supo con lujo de detalles, fue su apoyo a la actitud de la Unión Soviética de negociar una reconciliación en África entre los dos bandos, que pedía tanto la salida de los combatientes belgas, como de los guerrilleros cubanos del Che Guevara, en el preciso momento en que el Che preparaba ofensivas y emboscadas a los mercenarios belgas en la zona de combate.

Esto pone de manifiesto que tanto los soviéticos, como Fidel Castro, ponían en el mismo nivel de negociación a los combatientes belgas con los guerrilleros cubanos comandados por Ernesto Guevara.

Este acto de contubernio de Fidel Castro con los soviéticos, belgas, tanzaneses y norteamericanos fue lo que más decepcionó al Che Guevara en su precipitada huida del Congo hacia Praga.

En esos días de depresión personal ante el fracaso del Congo, el Che recibe la noticia de la muerte de su madre Celia, su ser más querido y más cercano emocionalmente, la mujer que lo formó y lo convirtió en un soñador de aventuras.

Cuando recibe la noticia devastadora del fallecimiento de su madre, escribe un relato corto que denomina «La Piedra», en referencia a un llavero con una piedre-

---

[8] Alarcón Ramírez, «Benigno». *Memorias de un soldado cubano*, Tusquets. 1997 / págs. 116-118

cita que le había regalado su abuela y que llevaría con él al Congo, conjuntamente con un pañuelo de seda que le regaló su madre, como prueba de amor[9].

Todos estos objetos, con su pipa, su pluma y sus hojas para escribir su diario, lo acompañaron en la aventura africana. El Che deja entonces escrita su voluntad de que si muere, el pañuelo de su madre servirá para aguantarle la mandíbula y si se fractura un brazo, le servirá de cabestrillo.

Con todo este derrumbe emocional, el Che abandona el Congo cruzando apresuradamente el Lago Tanganika. Esta huida, de la cual sale con vida milagrosamente, lleva al Che a refugiarse en Praga, después de pasarse unos días refugiado en la embajada cubana de Dar el Salam, en territorio de Tanzania.

Volvamos a algunos fragmentos de su diario plasmado en *Pasajes de la Guerra Revolucionaria (Congo)* escritos de su puño y letra, que confirman la evaluación anterior y que han estimulado la presente investigación histórica:

«Ésta es la historia de un fracaso. Desciende al detalle anecdótico, como corresponde a episodios de la guerra, pero está matizada de observaciones y de espíritu crítico ya que estimo que, si alguna importancia pudiera tener el relato, es la de permitir extraer experiencias que sirvan para otros movimientos revolucionarios. Más correctamente, ésta es la historia de una descomposición. Cuando arribamos a territorio congolés, la Revolución estaba en un periodo de receso; sucedieron luego episodios que entrañarían su regresión definitiva, por lo menos en este momento y en aquel escenario del inmenso campo de lucha que es el Congo. Lo más interesante aquí

---
9 Constenla, Julia. *Celia, la madre del Che.* Editorial Sudamericana, 2004 / págs. 273-278

no es la historia de la descomposición de la revolución congolesa, cuyas causas y características son demasiado profundas para abarcarlas todas desde mi punto de observación, sino el proceso de descomposición de nuestra moral combativa, ya que la experiencia inaugurada por nosotros no debe desperdiciarse, y la iniciativa del Ejército Proletario Internacional no debe morir frente al primer fracaso. Entre todos los jefes de distintas secciones de Estado Mayor y los llamados jefes de brigada no se puede mencionar ninguno que reúna condiciones de dirigente nacional.

»Los jefes campesinos locales son los kapitas y presidentes; están nombrados por la antigua administración de Lumumba o por sus continuadores y quieren ser el germen de un poder civil, pero, frente a la realidad de la presencia tribal, se eligió el camino cómodo de hacer presidentes y kapitas a los jefes tradicionales de la tribu.

»Nunca hubo la integración necesaria en el Congo y no se puede achacar al color de la piel: tan negros eran algunos que no se podían distinguir. Los nuestros eran extranjeros, seres superiores, y lo hacían sentir con demasiada asiduidad. El congolés, sensible al extremo por los vejámenes sufridos a manos de los colonialistas, notaba ciertos gestos de desprecio en el trato de los cubanos y lo sentía en lo más hondo.

»Otra barrera real fue el idioma; difícil fue para una tropa como la nuestra, sumergida en la masa congolesa, trabajar sin poseer su lengua. Otra dificultad que soportamos, a la que se debe de prestar extraordinaria atención en el futuro, es la de la base de apoyo. Cantidades relativamente grandes de dinero desaparecieron en sus fauces insaciables, y cantidades infinitesimales de alimentos y equipos llegaron a las tropas en campaña.

»Primera condición, el mando debe ser indiscutible y absoluto en las zonas de operaciones, con controles rigurosos sobre la base de apoyo, descontando los controles naturales a ejercer desde los centros superiores de la Revolución, y la selección de hombres para cumplir esas tareas debe ser seriamente realizada mucho tiempo antes.

»En mis reacciones fui disparejo; mantuve mucho tiempo una actitud que podía calificarse de excesivamente complaciente, y, a veces, tuve explosiones muy cortantes y muy hirientes, quizás por una característica innata en mí; el único sector con quien mantuve sin desmayos relaciones correctas fue con los campesinos, pues estoy más habituado al lenguaje político, a la explicación directa. No me animé a exigir el sacrificio máximo en el momento decisivo. Fue una traba interna, psíquica. Para mí era muy fácil quedarme en el Congo; desde el punto de vista del amor propio de combatiente, era lo que cuadraba hacer; desde el punto de vista de mi actividad futura, si no lo que más convenía, era indiferente en el momento actual. Cuando sopesaba la decisión, jugaba en mi contra el que supiera lo fácil que resultaba el sacrificio decisivo.

»Cuba no retrocede de sus compromisos ni puede aceptar una fuga vergonzosa dejando al hermano en desgracia a merced de los mercenarios. Sólo abandonaríamos la lucha si, por causas fundadas o razones de fuerza mayor, los propios congoleses nos lo pidieran, pero lucharemos para que eso no suceda. Cabe llamar la atención del gobierno de Tanzania sobre el acuerdo alcanzado; es como el de Múnich, deja las manos libres al neocolonialismo. Contra el imperialismo no cabe retroceso ni aplazamiento, el único lenguaje es el de la fuerza. Si la situación del Congo se estabiliza con este gobierno, Tanzania estará en peligro, rodeada de países hostiles a ella en mayor o menor medida. La revolución aquí pudiera subsistir sin Tanzania, pero a costa de grandes sacrificios, no es nuestra responsabilidad si fuera destruida por falta de ayuda, etc., etc.

»Cabría exigir al gobierno de Tanzania: el mantenimiento de la comunicación telegráfica, permiso para embarques de comestibles al menos una o dos veces por semana, permitirnos traer dos lanchas rápidas, darnos algo de armamento acumulado para pasar una sola vez y permiso para pasar correos una vez cada 15 días.

»Llegaba carta de Mbili, del frente de Lubonja; en ella me comunicaba que la presión sobre sus hombres por parte de los congoleses era tremenda, que él creía que no iba a poder resistir más; la desmoralización era muy grande. Me advertía de una conspiración para solicitarme el retiro de la lucha por parte de algunos cubanos».

Una evidencia incontrastable del comportamiento del gobierno de Tanzania, con el apoyo de la URSS y el gobierno de La Habana, lo muestra este intercambio entre la carta fechada el 16 de noviembre por el comandante africano ruandés, Joseph Mundandi, dirigida al Che Guevara, cuyo nombre de guerra era Tatú, y el comentario del guerrillero argentino en su diario.

«Camarada Tatu: Por lo que se refiere a la situación, que es muy grave, le hago saber que soy incapaz de mantener la posición y garantizar la defensa. La población ya nos ha traicionado, ha depositado su confianza en los soldados enemigos que están mejor dirigidos que nosotros y tienen una buena información sobre nuestra posición. Le ruego que me comprenda. He decidido batirme en retirada. No abandono a los camaradas cubanos, pero debo encarar mis responsabilidades con el pueblo ruandés. No puedo exponer todas las fuerzas de los camaradas ruandeses a una posible destrucción, eso no sería propio de un buen comandante revolucionario. Un revolucionario, además marxista, debe analizar la situación y evitar un combate de desgaste. Si todos los camaradas perecen sería por mi culpa; quise ayudar a esa revolución para poder hacer una en mi país. Si los congoleños ya no pelean prefiero morir en nuestra tierra, la del pueblo ruandés. Si morimos en el camino también estará bien. Reciba mis sentimientos revolucionarios, Mundandi.»

A lo que el Che responde pertinentemente en su diario:

«La salida de los combatientes ruandeses se efectuó el 18. Tanzania, que acababa de bloquear en su territorio varios convoyes de armas y material destinados a la guerrilla, también claudicó. Massengo también propuso detener la lucha.»

Idelphonse Massengo era el jefe del Estado Mayor del Frente Oriental en el Congo.

Adicionalmente en un memorándum de la Agencia Central de Inteligencia, escrito en 1965, el informe número 2333/65, entre otras cosas expone lo siguiente para corroborar las afirmaciones anteriores: «el deseo de Castro de alejar a Ernesto (Che) Guevara confirma el cambio de la política cubana en el último año».

Este memorándum de la CIA afirma «que el alejamiento de Guevara del poder es aparentemente el resultado de su persistente oposición a las prácticas políticas recomendadas por la URSS». Concluye el susodicho memorándum de la CIA «que Guevara desaprobó el alineamiento de Castro con la URSS».

A partir de esta coyuntura real en contra de los soviéticos, el Che Guevara pierde el espacio político que se había ganado en territorio cubano. Después de todo el desastre de la incursión cubana en la Guerra Revolucionaria del Congo en 1965, que el propio Che Guevara describe en su diario *Pasajes de la Guerra Revolucionaria* como: «la historia de un fracaso... Más correctamente, la historia de una descomposición», no le ofrecía otro camino al guerrillero argentino que ir en busca de otra zona periférica, que en este caso inconcebiblemente parece que sería Bolivia.

Vale la pena decir que el Che se resistió hasta el agotamiento mental en aceptar la rendición que representaba abandonar la guerrilla: «la situación se derrumba, tropas enteras y campesinas se pasan al enemigo... Queremos saber resultado del informe a Cuba sobre Comisión para discutir con el gobierno de Tanzania... Pensamos evacuar este lugar y hacer evacuaciones de la mayoría de cubanos como segunda etapa... Quedaremos un grupo pequeño como símbolo del prestigio de Cuba... Informa a Cuba... En realidad la idea de quedarme siguió rondándome hasta las últimas horas de la noche y quizás nunca haya tomado una decisión, sino que fui un fugitivo más».

Finalmente el Che acepta la derrota y abandona. Entonces se refugia en Praga profundamente disgustado con Fidel Castro por haber hecho pública su carta de despedida, que era un documento para leer sólo en caso de muerte. Pero a su disgusto se agregaba la convicción del contubernio de Fidel con la Unión Soviética y con Tanzania, en la compleja decisión de desmantelar la fuerza guerrillera cubana en el Congo.

El Che además estaba derrumbado emocionalmente por la muerte de su madre Celia. A esto se sumaba un disgusto mayor, debido a su inteligencia sagaz, al reconocer que Fidel con la lectura de su carta-renuncia, le cerraba pública y políticamente su regreso a Cuba.

Hay que tener en cuenta que el Congo es el segundo gran fracaso seguido del foquismo revolucionario del Che Guevara, porque en Salta, Argentina, a su compatriota y amigo Jorge Massetti (1963), le costó la vida, conjuntamente con el resto del grupo revolucionario argentino, entrenado en Cuba, ese intento fallido de crear una guerrilla en territorio argentino, bajo la inspiración directa del Che Guevara.

Esta guerrilla de Massetti, luego de un extenso entrenamiento en Cuba, recibió la orden de Guevara para iniciar su actividad guerrillera en Argentina.

El grupo guerrillero se instaló en la provincia de Salta, bajo el nombre de Ejército Guerrillero del Pueblo (EGP), con puntos de apoyos en Bolivia, Córdoba y Buenos Aires. Jorge Massetti llevaba el grado de Comandante Segundo, reservando el grado de Comandante Primero para Ernesto Guevara, en sus planes de incorporación posterior. Luego de enviarle una carta al presidente democrático Arturo Illia anunciando su decisión de iniciar la lucha armada, el grupo fue sufriendo diferentes complicaciones, la mayor de ellas fue la falta de incorporación campesina, que lo llevaron a un colapso completo en 1964.

Algunos de los miembros destacados del grupo guerrillero murieron en combate, como el cubano Hermes Peña, uno de los hombres del círculo íntimo de Guevara; otros fueron detenidos y Jorge Massetti desapareció en la selva sin dejar rastro.

En ese contexto de hecatombe, en algún momento entre el 17 de marzo y el 17 de abril de 1964 el Che Guevara se reunió secretamente con Juan Domingo Perón, en la casa que este habitaba en su exilio en Madrid, para apoyar con un fondo metálico su retorno político a la Argentina, intento que finalmente no se materializó por la oposición del gobierno brasileño ese mismo año.

Perón se habría comprometido, al aceptar el fondo de ayuda de Guevara, a apoyar la iniciativa guerrillera de Guevara en Salta, Argentina, pero como se abortó su regreso a la Argentina, el proyecto quedó desactivado.

El fracaso guerrillero en Salta, Argentina, llevó al Che a evaluar la posibilidad de participar en otros lugares distintos de su país e incluso en otros continentes. Aquí aparece África en el horizonte.

Una vez dejada atrás la experiencia traumática del desastre guerrillero congolés, el Che vuelve a considerar a Argentina como su próximo destino guerrillero o su nuevo camino hacia la periferia revolucionaria..

Pero desde La Habana, Fidel Castro y la Dirección General de Inteligencia (DGI) veían como muy peligrosa la utilización de Argentina como país para las aventuras de Guevara, debido al peso político específico de Argentina en el continente.

Aparece entonces la errada y hasta sospechosa selección de Bolivia como objetivo revolucionario para el Che Guevara, teniendo en cuenta que ese país latinoamericano, entre todos, era el que presentaba menos condiciones objetivas para lograr el apoyo campesino a cualquier proceso guerrillero, en virtud de que la revolución nacionalista de Paz Estensoro en 1956 había repartido las tierras a los trabajadores del campo y les había garantizado derechos democráticos, como el derecho a votar, que nunca habían logrado alcanzar con anterioridad en su historia.

Ya refugiado el Che en Praga, emocionalmente muy decaído y triste al conocer tardíamente sobre la muerte de su madre, prosigue con sus miras del foco guerrillero en Argentina, y se niega a regresar a Cuba.

Fueron mucho los ruegos y las gestiones, entre ellas las de su esposa Aleida March, para que el Che abandonara ese refugio y regresara a Cuba antes de tomar rumbo a cualquier nuevo destino. Él no quería regresar a la isla bajo ninguna circunstancia, aunque fuera por un corto tiempo de entrenamiento. Su distanciamiento emocional y político con Fidel Castro, por el manto proteccionista de la Unión Soviética sobre Cuba y su opinión crítica de los soviéticos, era una discrepancia que por momentos parecía insalvable.

Desde Praga el Che escribe una carta en 1965 a su amigo Armando Hart, donde critica duramente el «seguidismo ideológico» cubano respecto a los manuales soviéticos para la enseñanza del marxismo, un punto de vista que coincide con la revista Pensamiento Crítico, editada en La Habana por académicos conocidos, como Fernando Martínez Heredia y Aurelio Alonso, entre otros, todos de la Escuela de Filosofía de la Universidad de La Habana.

Paralelamente a este grupo de académicos de matriz crítica contra los soviéticos, Fidel prosigue estrechando sus compromisos políticos con la Unión Soviética, sin desdecir públicamente de su solidaridad con el internacionalismo proletario y los movimientos de liberación en el mundo.

Finalmente y después de múltiples ruegos de Aleida March y Ramiro Valdés, ambos logran convencer a Guevara de la conveniencia de una estancia clandestina en Cuba, para reponer su deteriorada salud y preparar el nuevo destino revolucionario, que sería Bolivia.

El regresa de Guevara a La Habana el 21 de julio de 1966 se produce de forma clandestina, después de cuatro meses en la embajada cubana en Dar el Salaam y otros tantos meses en Praga.

Desde el regreso del Che a Cuba, proveniente de Praga, se conoce de una reunión tempestuosa que sostuvo con Fidel y Raúl, sobre las discrepancias por el rumbo de la revolución cubana del brazo de la Unión Soviética, y la queja del Che a Fidel por la publicación de su carta de despedida.

Algunos que estuvieron con el Che, durante su estancia de preparación en Cuba, como el guerrillero Benigno, consideran que la muerte de su madre Celia, el fracaso de la guerrilla en el Congo y anteriormente el desastre de la guerrilla de Massetti en Salta, Argentina, unido a sus discrepancias públicas con el camino tomado por la revolución cubana de sometimiento a las directrices soviéticas, habían golpeado con dureza la psiquis emocional del Che Guevara en cuanto a su desconfianza en el liderazgo de Fidel Castro.

En estas circunstancias, el Che vivía con la necesidad emocional de borrar de su mente todos los contratiempos del desastre revolucionario en el Congo, dejar atrás sus diferencias con Fidel Castro por la dependencia de la Unión Soviética, y preparar su próximo destino, que el Che hubiese preferido fuese Argentina y/o Perú, pero que Fidel y su equipo de la Dirección General de Inteligencia, decidieron que fuese Bolivia.

Ya en estos momentos se sabe que los servicios de inteligencia soviético (NKVD) y estadounidense (CIA) sabían que el Che había participado en el fallido intento guerrillero del Frente de Liberación en el Congo y que posiblemente andaría en busca de su próximo destino o foco guerrillero para sus objetivos revolucionarios.

La intención más íntima del Che —durante su estancia en Praga— era partir desde su exilio-escondite hacia Argentina, para continuar con la obra guerrillera en su país natal, pero como ya sabemos, la dirigencia cubana desde La Habana, se opuso con insistencia y firmeza a este destino y le cerró esa vía.

Cuatro meses estaría el Che en Cuba y ya el 2 de noviembre de 1966 sale de la isla cubana rumbo a su nuevo e incierto destino, Bolivia. A mediados de año había enviado una avanzada con dos de sus hombres de confianza, Harry Villegas, alias Pombo, y Carlos Coello, alias Tuma, para unirse a José María Martínez Tamayo, alias Papi, que ya se encontraba en Bolivia organizando y evaluando la situación guerrillera.

El 3 de noviembre de 1966 llega el Che Guevara a La Paz, Bolivia, con la identidad de Adolfo Mena, un economista uruguayo. La última etapa de su vida biológica como revolucionario comenzaba preñada de contradicciones y avatares de dudosa credibilidad.

Capítulo 4
---------------

Bolivia, un objetivo descabellado
Único país de América Latina donde
los campesinos eran masivamente
propietarios de sus tierras · Monje, el
comunista que traiciona al Che en Bolivia

> «Falta total de contacto con Manila (Fidel), La
> Paz y «Joaquín», lo que nos reduce a los 25 hombres
> que constituyen el grupo.»
> (Diario del Che en Bolivia, mes de Mayo de 1965)

Los autores que han investigado el desarrollo del foco guerrillero que le costó la vida al Che Guevara en Bolivia se encuentran, para su sorpresa, que el deseo verdadero de Guevara para ese esfuerzo revolucionario no era el altiplano boliviano, sino su país natal Argentina o, en su defecto, Perú.

Bolivia se convirtió en una tercera alternativa, ya que tanto la Dirección General de Inteligencia como Fidel Castro rechazaran las dos primeras opciones, como destacamos en el capítulo anterior.

El gobierno de La Habana vivió esos primeros años del triunfo revolucionario de 1959 con la obsesión —más emotiva que racional— de abrir focos guerrilleros en

Latinoamérica, con el objetivo de repetir las acciones de la Sierra Maestra y golpear políticamente al gobierno de los Estados Unidos y a los gobiernos enemigos imperantes en el continente latinoamericano.

Desde La Habana se hicieron intentos por abrir focos guerrilleros en Nicaragua, El Salvador, Guatemala, Venezuela, Perú, Argentina, Colombia y finalmente Bolivia.

Sin embargo, a pesar de su conocida y pública discrepancia estratégica con la Unión Soviética, el Che Guevara, en su necesidad emocional por alejarse de Cuba e ir en busca de un país para crear un foco guerrillero, acepta que sea Bolivia su próximo destino, con la frágil y dudosa alianza del Partido Comunista boliviano, que Fidel Castro y de la Dirección General de Inteligencia cubano facilitan, preparan y recomiendan.

Resulta inconcebible que tanto a Fidel Castro, como a Manuel Piñeiro, oficial jefe de la Dirección General de Inteligencia, se les haya olvidado tan rápido la reunión en La Habana con Mario Monje, presidente del Partido Comunista Boliviano en 1963, acompañado por Hilario Claure, miembro del Buró Político de ese partido, en donde los dos bolivianos ratificaron su posición política en contra de la lucha armada en su país.

En esa reunión entre ellos, ante la categórica opinión de los bolivianos, Fidel Castro pidió entonces a Mario Monje sólo ayuda para la guerrilla del grupo de Héctor Béjar en Perú, usando su territorio fronterizo, pero sin inmiscuirse en los problemas internos de Bolivia.

Es entonces cuando Fidel en palabras propias dice a Monje: «yo tengo mucha pena por ustedes, por Bolivia, porque es un país difícil para hacer la guerrilla allí. Ustedes son un país mediterráneo, hubo la reforma agraria; entonces, su destino es ser solidarios con los movimientos revolucionarios de otros países, porque uno de los últimos países en lograr su liberación será Bolivia. La lucha guerrillera en Bolivia no es posible».

Son estas palabras precisas de Fidel Castro en 1963 las que prácticamente eliminan, al menos teóricamente, al territorio boliviano de un futuro escenario guerrillero.Mario Monje vuelve a La Habana unos meses después y tiene una reunión con el Che, en la que este reitera lo mismo dicho por Fidel, que además él conocía directamente por su visita a Bolivia durante su recorridos por Latinoamérica en motocicleta con su amigo Alberto

Granados.Leamos también las palabras del Che: «yo estuve en Bolivia, conozco Bolivia y es muy difícil hacer la lucha guerrillera en Bolivia. Ha habido reformas y esos indios no creo que se sumen a la lucha guerrillera».

A esta opinión de los máximos dirigentes de la revolución cubana, incluyendo la del Che, sobre las condiciones negativas de Bolivia para un escenario guerrillero, hay que añadir la consideración de que los más altos dirigentes de la Unión de Repúblicas Soviéticas (URSS) consideraban contraproducente y hasta peligroso que el Partido Comunista boliviano se apartara de la línea de coexistencia pacífica trazada desde Moscú.

Toda esta tensión entre la posición de la Unión Soviética, en concordancia con los comunistas bolivianos, y la decisión final de Fidel Castro y de la Dirección General de Inteligencia de Cuba —una vez descartados Argentina y Perú como zonas de objetivos guerrilleros— de que fuese Bolivia el territorio escogido para la guerrilla del Che Guevara en América Latina, abren una interrogante paradójica que obliga a considerar como descabellada la decisión de ubicar en Bolivia el foco guerrillero[1].

---

[1] Villegas, Harry. *Pombo, hombre de la guerrilla del Che*, Spanish Ed., 1995.

Hay que añadir que uno de los elementos más poderosos para descartar a Argentina, como territorio para la guerrilla, era que el propio Partido Comunista Argentino, liderado por Victorio Codovilla, además de sus excelentes relaciones con la URSS, consideraban al Che Guevara como un aventurero trotskista. Feder Burlanski, uno de los asesores más cercanos a Nikita Kruschev, entonces primer ministro de la Unión Soviética, dijo en una ocasión: «nos disgustaba la posición del Che, porque era un modelo para los aventureros que hubieran podido causar una confrontación entre la URSS y Estados Unidos».

Todo este marco político para impulsar y desarrollar una guerrilla cubana, encabezada por el Che Guevara en Bolivia, obliga a tres consideraciones previas fundamentales que no se deben eludir:

La primera, que el Che, por su antisovietismo público y notorio, no cabía en una Cuba que se ensartaba aceleradamente dentro de los intereses de la Unión Soviética en el marco de la Guerra Fría, a pesar de las múltiples contradicciones y conspiraciones internas que tuvo esa dinámica relacional en esos años.

La segunda, que a pesar de lo proclamado por Fidel en los foros revolucionarios y en la Segunda Declaración de La Habana (1963) sobre la inevitabilidad de la revolución en América Latina, sus compromisos en crecimiento y en vías de consolidación con la Unión Soviética tendían a imponerse sobre la retórica en ocasiones incendiaria de sus discursos públicos.

Y la tercera, que con sus comparecencias en distintos foros internacionales y con sus críticas a fondo contra la Unión Soviética, desde la visita a Argel, la imagen del Che Guevara ante los revolucionarios del mundo tomaba una dimensión política y un alcance internacional de tal magnitud, que era poco aceptable para el estilo autoritario y de dominación absoluta de Fidel Castro.

En enero de 1964, Fidel Castro visita la Unión Soviética y hace fe pública de su alineación con los soviéticos y con la política de coexistencia pacífica, mientras que para el Che Guevara esta política siempre fue equivocada y despreciable por su complacencia ante los intereses de los Estados Unidos.

A principios de 1965, se produce el evento guerrillero del Che en el Congo, que ya tratamos en el capítulo anterior y que terminó en una derrota decepcionante, según la propia confesión del guerrillero argentino, que nunca superó emocionalmente la huida precipitada a través del Lago Tanganika, porque la considerarla un acto de cobardía personal.

Una vez transcurrido su deprimente y solitario exilio-escondite en Praga, en compañía de sus lugartenientes más cercanos de la jornada guerrillera del Congo, el Che regresa a regañadientes a Cuba para entrenarse para su último destino, que sería Bolivia.

El Che Guevara aprovechó su estadía en Praga para escribir su explosivo libro, *Pasajes de la Guerra Revolucionaria (Congo)*, que como ya señalamos, vino a publicarse censurado por el gobierno de La Habana, varias décadas después de haber sido escrito.

Todos los testimonios cercanos parecen confirmar que la obsesión de Fidel Castro de que el Che Guevara regresara a La Habana, era básicamente para que su *Diario* del Congo no se publicara sin previa y exhaustiva revisión, por su contenido crítico contra las decisiones del gobierno revolucionario cubano, compartidas con los gobiernos de Tanzania, Bélgica, la URSS y Estados Unidos, de desactivar la guerrilla del Che en esos territorios.

Finalmente en medio de este meollo lleno de mentiras, medias verdades, recriminaciones entre los dirigentes cubanos y bolivianos, el Che acepta ir a Bolivia, aunque Fidel Castro nunca le dijo a Ernesto Guevara que el Partido Comunista Boliviano se mostraba reacio a una colaboración entusiasta para dicho proyecto revolucionario.

Las evidencias indican que los planes del Che en Bolivia fueron diseñados por Fidel Castro, aunque el Che tuvo las opciones de escoger a los guerrilleros que lo acompañaran. A eso se suma la enorme presión política de la Unión Soviética por sacar al Che del escenario de la isla cubana.

Por supuesto, en la mentalidad controladora y pragmática de Fidel Castro, también bullía la posibilidad de que si la guerrilla echaba raíces y se desarrollaba con éxito, entonces tendría una carta adicional para presionar a Estados Unidos y a la Unión Soviética.

Paralelamente, los comunistas bolivianos habían vuelto a decidir, en mutuo acuerdo con los camaradas soviéticos, el camino de la legalidad, de la dinámica electoral y por ende de distanciarse del foquismo revolucionario que el Che quería desarrollar en Bolivia.

A largo plazo, la tesis soviética de coexistencia electoral demostró ser más eficaz y realista que la lucha armada en Iberoamérica, lo que se comprobó con creces con los triunfos electorales posteriores de Hugo Chávez en Venezuela (1999), Evo Morales (2005) en la misma Bolivia y Rafael Correa (2007) en Ecuador.

Todos los conocedores de la realidad política de Bolivia coincidían en señalar que el territorio boliviano no ofrecía las mejores posibilidades de incorporación campesina a cualquier intento guerrillero.

Esto lo sabía perfectamente Ernesto Guevara y lo había comprobado personalmente en sus viajes por América Latina, antes de convertirse en el audaz e incansable guerrillero revolucionario.

El 2 de agosto de 1953, el entonces presidente Víctor Paz Estensoro firmó en Ucureña, Bolivia, el decreto de Reforma Agraria, cuyo lema era «la tierra para quien la trabaja».

Este decreto ley logró que aproximadamente dos millones de campesinos se incorporaran como dueños de sus tierras y eliminó el sistema de servidumbre y explotación latifundista en Bolivia.

Los más de dos millones de campesinos indígenas beneficiados con la Reforma Agraria de Paz Estensoro se organizaron en sindicatos agrarios de campesinos y en milicias defensoras de la Revolución Agraria dictada por el entonces gobierno nacional boliviano.

A esta situación negativa para el foquismo guerrillero se suma la rara y sospechosa contradicción de que Manila (Fidel Castro) haya confiado en una supuesta incorporación y colaboración del Partido Comunista boliviano, que nunca estuvo en sustancia ni prevista ni garantizada.

La actitud vacilante y prosoviética de Mario Monje, Secretario General del Partido Comunista Boliviano, ofrecía muy pocas garantías de que los comunistas bolivianos se sumaran verdaderamente al proyecto revolucionario del Che Guevara y a los guerrilleros cubanos que lo acompañaron.

Monje no aceptaba que un ciudadano extranjero como el Che, por muy famoso que fuese, viniese a dirigir en territorio boliviano la revolución, y así lo expresaba ante los cuadros de su partido comunista.

Ante esta actitud negativa del Partido Comunista Boliviano escasas posibilidades de desarrollo tenía el proyecto guerrillero del Che Guevara en Bolivia[2].

---

2 Monje, Mario. «Carta al Comité Central del Partido Comunista». Bolivia, La Paz, 15 de julio de 1968

Finalmente se produce la partida del Che hacia Bolivia, por lo que escribe de despedida esta carta a sus hijos:

«Mis queridos Aliusha, Camilo, Celita y Tatico:

»Les escribo desde muy lejos y muy aprisa, de modo que no les voy a poder contar nuevas aventuras. Es una lástima porque están interesantes y Pepe el Caimán me ha presentado muchos amigos. Otra vez lo haré.

»Ahora quería decirles que los quiero mucho y los recuerdo siempre, junto con mamá, aunque, a los más chiquitos casi los conozco por fotografía porque eran muy pequeñines cuando me fui. Pronto yo me voy a sacar una foto para que me conozcan como estoy ahora; un poco más viejo y feo.

»Esta carta va a llegar cuando Aliusha cumpla seis años, así que servirá para felicitarla y desearle que los cumpla muy feliz: Aliusha, debes ser bastante estudiosa y ayudar a tu mama en todo lo que puedas. Acuérdate que eres la mayor.

»Tú, Camilo, debes decir menos malas palabras que en la escuela no se pueden decir y hay que acostumbrarse a usarlas donde se pueda. Celita, ayuda siempre a tu abuelita en las tareas de la casa y sigue siendo tan simpática como cuando nos despedimos, ¿te acuerdas? A que no. Tatico, tú crece y hazte hombre que después veremos qué se hace. Si hay imperialismo todavía, salimos a pelearlo, Si eso se acaba, tú, Camilo, y yo podemos irnos de vacaciones a la luna.

»Denle un beso de parte mía a los abuelos, a Myriam y su cría, a Estela y Carmita y reciban un beso del tamaño de un elefante, de Papá.

»A Hildita, otro beso del tamaño de un elefante y díganle que le escribiré pronto, ahora, no me queda tiempo.

»Papá.

Una vez instalada la guerrilla cubana en las laderas montañosas del río Ñancahuazú o Río de Oro, por su significación indígena, el Che anota en su diario de campaña, el 7 de noviembre de 1966, la siguiente frase casi providencial:
«Hoy comienza una nueva etapa, por la noche llegamos a la finca. El viaje fue bastante bueno. Luego de entrar, convenientemente, por Cochabamba.»
Desde el punto de vista geográfico, la zona escogida era pésima para el objetivo guerrillero, porque estaba deshabitada y se encontraba distante de la frontera con Perú, teniendo en cuenta que el Che siempre quiso que el campamento guerrillero estuviera cerca de la frontera peruana, pues esto podría facilitar el cruce de fronteras y la colaboración con el movimiento revolucionario en ese país.

La finca escogida donde se instala el Che Guevara tenía una casa de techo de zinc, por lo que los vecinos la llamaban «la Casa de Calamina». Desde el principio de llegar a Ñanchaguazú, el Che, previendo una delación o emboscada, decide fijar su campamento personal a más de media milla de distancia de la susodicha casa.

Como un maleficio anunciando malas noticias desde los primeros días, que fueron dedicados por los guerrilleros a la organización del campamento y a reconocer el terreno en busca de zonas de almacenamiento y hospital para la retaguardia, dos de los guerrilleros cubanos más experimentados, Alberto Fernández Montes de Oca, alias Pachungo, y Harry Antonio Villegas Tamayo, alias Pombo, que ya se encontraban en Ñancahuazú, fueron descubiertos por un empleado de la finca contigua a la Casa de Calamina[3].

---

3 Fernández Montes de Oca, Alberto. *Diario de Pacho*. Punto y Coma, 1987 / págs. 6-7 / 97-99

Este incidente disgustó mucho al Che Guevara, pues demostraba que los dos guerrilleros no estaban cumpliendo rigurosamente con el código de seguridad requerido para estos quehaceres de establecer las bases del proyecto guerrillero.

Por lo que el 10 de noviembre, el Che escribe en su *Diario*: «Pachungo y Pombo salieron de exploración, con uno de los compañeros bolivianos. Al regreso se quedaron haraganeando en la casa y el chofer de Algarañaz, que venía a traer los hombres con unas compras, los vio. Tremenda bronca eché y decidimos trasladarnos mañana a la manigua».

En menos de dos semanas llegaron a la casa de calamina los guerrilleros cubanos Antonio Sánchez Díaz, alias Pinares, Eliseo Reyes, alias Rolando, Rodolfo Saldaña, alias Rodolfo, conjuntamente con algunos de los cuadros disidentes del Partido Comunista Boliviano que se unieron al proyecto.

Así sucesivamente se van incorporando a la guerrilla de Ñancahuazú el boliviano Inti Peredo, otros cuadros bolivianos y el resto de los cubanos. Las primeras designaciones de responsabilidad del Che Guevara quedan asignadas de la siguiente forma: Vitalio Acuña Núñez, alias Joaquín, segundo jefe militar; Gustavo Machín, alias Alejandro, jefe de operaciones; Harry Villegas, alias Pombo, jefe de servicios y el médico Octavio de la Concepción, alias el Moro o Morogoro, jefe de servicios médicos.

Pero toda la expectativa de la guerrilla del Che en estas primeras semanas se concentró en el encuentro, anunciado en un mensaje desde La Habana por Manila (Fidel Castro) al Che, que confirmaba la reunión con Mario Monje.

En el análisis del mes de diciembre en su diario, el Che, escribe: «Todo ha salido bastante bien, mi llegada sin inconvenientes: Los planes son esperar el resto de la gente, aumentar el número de bolivianos por lo menos hasta 20 y comenzar a operar. Falta averiguar la reacción de Monje y cómo se comportará la gente de Guevara.»

Esta mención de otro Guevara en su diario, se refiere a Moisés Guevara, un boliviano maoísta y prochino, disidente del Partido Comunista Boliviano, que el Che aceptó desde sus inicios con el ánimo de estimular la incorporación boliviana al grupo guerrillero, previendo que los bolivianos provenientes del partido comunista no mostraran el entusiasmo requerido.

Unas semanas antes de la esperada reunión entre Mario Monje y el Che Guevara, a finales de noviembre de 1966, llega a Bolivia a incorporarse a la guerrilla cubana —enviado directamente por Fidel Castro— el periodista y escritor francés, Regis Debray. Este era su tercer viaje a Bolivia, según reflejan sus registros de viajes anteriores.

La llegada de Debray a La Paz, Bolivia, tenía la intención de que el escritor galo investigara las zonas geográficas y presentara un informe sobre las mejores condiciones para el proyecto guerrillero del Che y sus campamentos de vanguardia y retaguardia.

En este punto surge una interrogante para algunos estudiosos de esta etapa en la vida del Che Guevara: ¿cómo se puede entender que el intelectual francés Regis Debray, que no conocía ni la idiosincrasia cubana ni la geografía boliviana ni poseía experiencia guerrillera, haya sido el enviado a Bolivia para tal encomienda logística encargada por el gobierno cubano?

Años después, el propio Regis Debray declaró, entre otras observaciones muy negativas sobre el proyecto guerrillero en territorio boliviano y sobre la forma autoritaria de gobernar de Fidel Castro, «que el Che Guevara no fue a Bolivia para vencer, sino para perder»[4].

Pero la presencia de Regis Debray en Bolivia produce otro efecto negativo inmediato, casi una reacción de boomerang, pues el escritor francés era un connotado intelectual de tendencia maoísta, que unido al antisovietismo del Che por su supuesta inclinación trotskista y prochina, agrava la suspicacia y la percepción del Partido Comunista Boliviano, ante un proyecto que a todas luces parecía estar más cerca de la influencia de los chinos y del dirigente Chou en Lai, que de los soviéticos y de sus dirigentes del Kremlin.

En medio de este ambiente de tensiones entre el Partido Comunista boliviano y la presencia de guerrilleros cubanos en Bolivia, bajo el liderazgo del Che Guevara, se produce el esperado encuentro entre Mario Monge y este.

El 31 de diciembre de 1966 —después de demoras por errores de fechas en el traslado de Monje hacia Ñancahuazú— ambos dirigentes se sientan a conversar.

Pero muy pronto en el intercambio entre ambos dirigentes surgen las discrepancias insalvables, porque el Che Guevara no estaba en disposición de ceder su jefatura militar sobre la guerrilla boliviana al dirigente comunista boliviano Mario Monje.

Por su parte, Mario Monje y su partido comunista boliviano, no concebían una operación revolucionaria en Bolivia comandada por un extranjero, ya fuese argentino o cubano.

Se produce el rompimiento entre Guevara y Monje, que resulta de extrema gravedad para el proyecto guerrillero, porque Mario Monje, secretario general del Partido Comunista Boliviano, abandona Ñanca-

---

4 Debray, Regis. *Praised Be Our Lords*, Gallimard, 1996 / págs. 101-110

huazú sumamente molesto con la terquedad del Che Guevara.

Después del desacuerdo total entre Monge y Guevara, queda en evidencia que asuntos tan básicos y preparatorios, como esta conversación coordinadora, entre los dos dirigentes, debieron haberse discutido con anterioridad a movilizar a los guerrilleros de Cuba a Bolivia.

Pero no se hizo, y en su *Diario* escribe el Che ese primero de enero de 1967: «Monje me comunicó que se retiraba. Se fue con la apariencia de quien se dirige al patíbulo. Mi impresión es que al enterarse por Coco de mi decisión de no ceder en las cosas estratégicas, se aferró a ese punto para forzar la ruptura, pues sus argumentos son inconsistentes. Por la tarde reuní a todo el mundo y le expliqué la actitud de Monje, anunciando que realizaríamos la unidad con todos los que quieran hacer la revolución y vaticiné momentos difíciles y días de angustia moral para los bolivianos».

A partir de entonces el Partido Comunista Boliviano, que en esos momentos no veía con simpatía la lucha armada, pero que había aceptado a contracorriente colaborar con el proyecto por la insistencia y el prestigio de Fidel Castro, se opondrá con todas sus fuerzas a la acción guerrillera en Bolivia.

Sólo un grupo menor de militantes disidentes del Partido Comunista Boliviano pasaría a integrar la fuerza guerrillera del Che en Bolivia. En este grupo se encontraban, entre otros, Rodolfo Saldaña, Jorge Vázquez Viaña, alias el Loro, Julio Luis Méndez Korne, alias el Ñato y los hermanos Coco e Inti Peredo.

A los pocos días del desacuerdo o rompimiento entre el Che Guevara y Mario Monje en Ñancahuazú, el Comité Central del Partido Comunista Boliviano escribe una carta a Fidel Castro poniendo punto final a su colaboración con el proyecto guerrillero encabezado por el Che Guevara.

La conducta del Partido Comunista Boliviano se dirigió —desde el momento de la ruptura— a obstaculizar y boicotear cualquier apoyo a los guerrilleros cubanos en Ñancahuazú.

Ante este cuadro grave y desolador de la ruptura con los comunistas bolivianos, el Che reactiva el contacto que había hecho con el dirigente maoísta boliviano Moisés Guevara y su grupo revolucionario, todos disidentes del Partido Comunista Boliviano y simpatizantes del Partido Comunista Chino.

El Che deja constancia en su *Diario de campaña* —en el resumen del mes de enero— sobre su grave desencuentro con Mario Monje y dice lo siguiente: «como lo esperado, la actitud de Monje fue evasiva en el primer momento y traidora después. Ya el partido está haciendo armas contra nosotros y no sé hasta dónde llegará».

O sea que el Che ya consideraba traidora la actitud del dirigente máximo del Partido Comunista Boliviano. Y continúa el Che Guevara, refiriéndose el dirigente maoísta boliviano Moisés Guevara: «hasta ahora ha respondido bien. Veremos cómo se portan él y su gente en el futuro...De todo lo previsto, lo que más lentamente anduvo fue la incorporación de combatientes bolivianos».

Estos ajustes desesperados en busca de incorporación de bolivianos a la guerrilla de cubanos en Bolivia provocaron un incremento en el enfrentamiento entre el Che Guevara con el Partido Comunista en Bolivia y la mayoría de los partidos comunistas de América Latina, que en general desaprobaban la estrategia de la lucha armada, por ser fieles a los lineamientos de coexistencia pacífica orientados desde la Unión de Repúblicas Socialistas Soviéticas (URSS).

Lo inconcebible a estas alturas iniciales del proceso guerrillero en territorio boliviano, que supuestamente contaba con la ayuda oficiosa del gobierno de Cuba, es que Fidel Castro y la Dirección General de Inteligenciaa no le informaran al Che Guevara de la carta del Partido Comunista boliviano y de Mario Monje, dirigida a Fidel, en donde ellos ratificaban que se desvinculaban por completo del proyecto guerrillero cubano en Bolivia, entre otras cosas adicionales al argumento del mando militar, por la presencia de Regis Debray en la guerrilla del Che.

Pero más grave aún que todo lo anterior —también con implicaciones muy confusas— es que Fidel Castro no ordenara el desmantelamiento inmediato de la guerrilla cubana en territorio boliviano, sabiendo perfectamente, que el Partido Comunista Boliviano informaría a la agencia de inteligencia soviética (NKVD) de la presencia de Guevara en Bolivia, y que esta agencia haría todo lo posible por evitar el desarrollo de la guerrilla del Che Guevara en territorio boliviano, como ocurrió en la realidad.

Inclusive hay un comentario descarnado del Che, después del desencuentro entre él y Monje, que relata Benigno en su libro y dice así: «bueno esto antes de comenzar se terminó. Aquí no tenemos nada que hacer».

En estos momentos es cuando el Che Guevara, en sus propias palabras, da la opción a sus hombres, cubanos y bolivianos, para que tengan la posibilidad de abandonar la guerrilla, si así lo desean.

Un oscuro y fatal presentimiento se cernía sobre el proyecto guerrillero en Bolivia, por el desencuentro entre Guevara y Monje, y por las lógicas implicaciones desencadenantes.

A todo esto se suma que en estos meses Fidel sigue profundizando su estrategia de mejorar al máximo las relaciones del gobierno cubano con la Unión Soviética, en busca de fortalecer su estructura militar, que aparentemente fue el motivo principal del distanciamiento del Che Guevara con la Revolución Cubana y con Fidel Castro.

Tenemos que añadir que el propio Fidel Castro, en la Primera Conferencia Tricontinental en La Habana emitió una crítica muy severa al gobierno chino por haber reducido la cuota de arroz a Cuba.

Como dato histórico, fue en esta misma reunión de la Tricontinental en enero de 1966 en La Habana, donde el Che Guevara anuncia en una nota grabada la necesidad de conquistar la libertad e independencia de los pueblos, creando, «uno, dos, tres, cuatro Vietnam».

Paradójico y hasta comprometedor, que ya desde el mes de marzo, una etapa inicial y de consolidación para la guerrilla cubana en las montañas bolivianas, la Agencia Central de Inteligencia de los Estados Unidos (CIA) designara a Robert (Papi) Shelton, como jefe de la misión norteamericana en Bolivia para asegurar el apoyo militar estadounidense al gobierno boliviano en su lucha contra la insurgencia guerrillera.

Por otra parte, Fidel Castro ordenaba la salida de La Paz del alto oficial de la Seguridad Cubana, Renán Montero, un cuadro muy bien sembrado en la sociedad boliviana, que además era el enlace oficial del gobierno cubano con el Che Guevara[5].

Vale la pena profundizar en este hecho casi insólito. Este alto oficial de la Seguridad del Estado Cubano, Renán Montero, alias Iván, llevaba tiempo sembrado en La Paz, con la cobertura de ser un hombre de negocios que hasta había contraído relaciones amorosas y de matrimonio con una boliviana, y había creado una red de relaciones con el poder político en Bolivia.

---

5 O'Donnell, Pacho. *Che*. Debolsillo, 2005 / págs. 502–503

Para la guerrilla cubana del Che en Bolivia, este enlace era vital y de una importancia estratégica fundamental. Por eso llama tanto la atención de que en esta fase inicial de la guerrilla, complicada por el desacuerdo Monje-Guevara, Montero haya recibido la orden del gobierno cubano de salir de Bolivia rumbo a París, por un supuesto trámite de su pasaporte o por problemas de salud.

Posteriormente Renán Montero reapareció en Nicaragua, con la misma categoría de alto oficial de la inteligencia cubana, pero ahora vinculado al Frente de Liberación Sandinista.

En el caso de Montero, muchos se preguntan: ¿qué puede explicar que Fidel Castro ordenara la salida de este alto oficial cubano, el enlace del Che Guevara con La Paz, en la etapa de plena formación y desarrollo de la guerrilla?

Difícil pregunta que hasta ahora, después de cincuenta años transcurridos, ha quedado sin respuesta, a pesar de todas las reverencias que se hacen en la Cuba oficial a la memoria de Ernesto Guevara y la atención esmerada que reciben los familiares del difunto guerrillero argentino que viven en la isla.

El escritor Norberto Fuentes, en su biografía de Fidel Castro, afirma con su acostumbrada ironía y agudeza que la intención del gobierno cubano con Guevara en la guerrilla boliviana era la de liquidar al Che[6].

A finales de 1966, ya el secretario general del Partido Comunista Soviético, Leonid Brezhnev, había manifestado su indignación por la presencia del Che Guevara en Bolivia.

Adicionalmente, unos meses después, Brezhnev reafirmó «que las actividades guerrilleras en Bolivia eran

---

6 Fuentes, Norberto. *The Autobiography of Fidel*, Norton Paperback, 2010

dañinas para los verdaderos intereses de la causa comunista».

A todo esto se suma que en junio de 1967, el premier soviético Alexei Kosigyn le pidió a Fidel Castro que suspendiera su ayuda a todos los movimientos guerrilleros de América Latina, incluyendo a la guerrillera del Che en Bolivia, para no entorpecer las relaciones diplomáticas entre la URSS y Estados Unidos[7].

¡Vaya pedido de la alta dirigencia soviética en momentos en que el Che Guevara se jugaba su vida en el frente guerrillero en Bolivia!

A todas luces, el camino de la guerrilla cubana en Bolivia, plagado de errores, delaciones, deserciones y combates erráticos pésimamente diseñados, sin descontar la gravedad que representaba la falta de incorporación campesina, mostraba que el proyecto ya era un escenario complejo y sin posibilidades de triunfo para el Che Guevara.

Una de las primeras decisiones del Che, una vez del distanciamiento con Monje y el Partido Comunista Boliviano, es hacer con sus guerrilleros un recorrido por la zona montañosa en los alrededores de Ñancahuazú.

Este recorrido planificado para quince días y con un simple objetivo de entrenamiento y reconocimiento de la zona llena de cañones montañosos, desfiladeros, pocos ríos y escasos animales comestibles, se convirtió en una larga marcha desolada y agobiante de casi dos meses para todos los integrantes de la guerrilla, en virtud de carecer el grupo de guías experimentados que conociesen los vericuetos de la zona y las interioridades de los pobladores.

En este recorrido se ahogaron dos reclutas bolivianos por las lluvias y la crecida de los ríos, la tropa se vio obli-

---

7 Castañeda, Jorge G. *La vida en rojo*, Alfaguara, 1997 / págs. 469-470

gada a matar un caballo para alimentarse y la escasez de agua los golpeó a todos.

Casi todos los historiadores de la guerrilla del Che señalan que la tropa regresó al campamento el 20 de marzo.

Y es por estos días precisamente que dos guerrilleros del grupo maoísta boliviano de Moisés Guevara desertan de la guerrilla y son detenidos, lo que les permite a las Fuerzas de Seguridad Bolivianas y al propio ejército boliviano, conocer la versión de que guerrilleros cubanos encabezados por Ernesto Guevara se encontraban en territorio boliviano.

En el mes de marzo, ya sin el contacto de Renán Montero, el enlace oficial cubano desde La Paz, la guerrilla comienza a mostrar rasgos de desmoralización por el rechazo de los campesinos de la zona a incorporarse a la misma. Por estos días son detenidos en las montañas bolivianas el escritor francés, Regis Debray y el pintor argentino, Ciro Bustos[8].

De acuerdo a testimonios muy precisos, parece que la delación del pintor Bustos, con el retrato hablado de algunos guerrilleros y su detallada información, dieron a la inteligencia del ejército boliviano y a la Agencia Central de Inteligencia norteamericana la confirmación de la presencia de Guevara y los guerrilleros cubanos en la zona de Ñancahuazú.

En su resumen del mes de marzo el Che apunta en su *Diario de campaña*: «Etapa de consolidación y depuración de la guerrilla cumplida a cabalidad, lenta etapa de desarrollo con la incorporación de algunos elementos venidos de Cuba, que no parecen malos, y los de Moisés Guevara que han resultado con un nivel

---

[8] Lee Anderson, John. *Che Guevara*. Grove Press, New York, 1997 / págs. 661-669

general muy pobre (2 desertores, 1 prisionero «hablador», 3 rajados, 2 flojos)».

Con este marco político tan confuso y pleno de recriminaciones entre los comunistas bolivianos y los cubanos, pocas probabilidades tenía el Che de sobrevivir en su proyecto guerrillero en territorio boliviano.

En la medida en que avanzamos en la presente investigación, con más fuerza se abre la interrogante del por qué Fidel Castro y su gobierno no hicieron un esfuerzo máximo inmediato desde La Habana por rehacer el contacto con el Che y/o sacar al Che del precipicio boliviano y cancelar la operación guerrillera.

Continuar la operación guerrillera del Che en Bolivia, sin el apoyo del Partido Comunista Boliviano y sin la presencia de Renán Montero en La Paz u otro enlace designado, era casi una locura política con perfiles suicidas.

Pero la operación continuó y cuando llega el mes de mayo, el Che reafirma en su *Diario*: «falta total de contacto con Manila (Fidel)».

En el mes de junio el Che enfatiza que «sigue la falta total de contacto con Manila y sigue la falta de incorporación campesina».

Lo mismo se repite en el mes de julio con el estribillo, «sigue la falta de contacto. Sigue sintiéndose la falta de incorporación campesina».

En una muestra dramática de cómo las cosas seguían complicándose para el Che, este afirma en el mes de agosto en su *Diario*: «seguimos sin contacto de ninguna especie, decaimiento de la moral combativa y de nuestra leyenda revolucionaria».

Tengamos en cuenta, que estamos relatando lo que dice llanamente el Che en su *Diario de Campaña*, sin adjetivaciones ni acentos de ningún tipo, lo que da valor y certeza al abandono humano y político a que se encuentra sometido el guerrillero argentino por el escaso interés que muestra por ayudarlo la Dirección General de Inteligencia desde La Habana.

En el mes de septiembre, escribe el Che en su Diario: «caen Miguel, Coco, Julio, seguimos sin contacto. El Ejército muestra más efectividad. Tarea importante, contactos con La Paz».

Para el Che era imperioso en este mes de septiembre, ante el acoso constante y agresivo del Ejército Boliviano, pues estaba en juego su supervivencia, el que lograran rehacerse los contactos con La Paz, capital del país o con su supuesta base primaria de apoyo que era el gobierno cubano.

Mientras tanto, algunos Partidos Comunistas latinoamericanos, como el chileno, criticaban públicamente al Che Guevara por su actitud guerrillera irresponsable[9].

Sintomático y con rasgos de hecatombe estratégica que desde el mes de marzo el enlace del gobierno cubano en La Paz con el oficial Renán Montero se haya interrumpido por orden expresa de Fidel Castro y de la Dirección General de Inteligencia, y lo más revelador es que ese contacto no se haya restablecido nunca más, sin ni siquiera un esfuerzo mínimo por parte del gobierno de La Habana.

Por eso el Che insiste en su Diario sobre la importancia en rehacer estos contactos con la capital de Bolivia, teniendo en cuenta que el ejército boliviano le pisaba los talones a él y a su fuerza guerrillera.

Ya en el mes de septiembre le guerrilla del Che se encontraba prácticamente abandonada, por la falta de abastecimientos básicos y agotada la medicina para combatir su asma.

---

9 Guevara, Ernesto. *El Diario del Che en Bolivia*. Siglo XXI, 1968. / págs. 212-232

Desde La Habana, el gobierno cubano no hacía el más mínimo gesto o intento por acercarse al drama que se venía viviendo en la guerrilla de cubanos y del Che en territorio boliviano.

Capítulo 5

Capturan y asesinan del Che · Hambriento, sediento, sin medicinas para el asma y sin zapatos · «Valgo más vivo que muerto» · El mando político comunista en Bolivia y La Habana lo abandonan

> «*Yo soy una piltrafa humana y el episodio de la yegüita prueba que en algunos momentos he llegado a perder el control...*»
> (El Diario del Che en Bolivia, 8 de agosto de 1967)

Desde joven, el adolescente Ernesto Guevara tuvo inclinaciones por el gusto poético. Lo que resulta llamativo es que concluya su vida de aventurero revolucionario, llena de durezas, odio al adversario y luchas encarnizadas contra Estados Unidos por doquier, escribiendo poemas íntimos, que revelan al menos, una nostalgia metafórica y literaria dentro de su ser interior.

Estos versos se convierten sin lugar a dudas en objetivos íntimos, en busca de balancear emocionalmente las exigencias de su ardua vida fracasada de guerrillero y revolucionario, por sus experiencias en Salta, Congo y Bolivia.

Uno de sus poemas más punzantes, el que dedica a su esposa Aleida March, y el otro, el que reescribe de un doloroso y bello poema del poeta León Felipe, unas horas o días antes de morir, son pruebas fehacientes de la angustia que yacía en su ser interior.

En sus últimas horas de vida, la poesía se convirtió para el Che Guevara en un bálsamo para aliviar dolores y exteriorizar su frustraciones más íntimas.

El poema dedicado a su esposa, Aleida March, descubre la desolación de su alma en el momento en que su vida se acerca al fin de sus luchas revolucionarias. Estos versos reflejan la gran duda que lacera su alma, por las condiciones penosas de hambre, sed, unos trapos atados a sus pies y la falta de medicamentos que lo aguijonean con crueldad durante las últimas horas de su vida:

El poema a Aleida lo titula «Contra viento y marea»:

*Este poema (contra viento y marea) llevará mi firma.*
*Te doy seis sílabas sonoras,*
*Una mirada que siempre lleva (como un pájaro herido)*
*[ternura.*
*Una ansiedad de agua tibia y profunda,*
*una oficina oscura donde la única luz es la de estos versos*
*[míos,*
*un dedal muy usado para tus noches aburridas,*
*una fotografía de nuestros hijos.*
*La bala más hermosa de esta pistola que siempre me*
*[acompaña,*
*la memoria imborrable (siempre latente y profunda) de*
*[los niños*
*que, un día, tú y yo concebimos,*
*y el pedazo de vida que me resta.*

*Esto lo doy (convencido y feliz) a la Revolución.*
*Nada que pueda unirnos tendrá mayor poder.*

Sin lugar a dudas, en la psiquis más honda del Che Guevara, en sus horas finales, una profunda melancolía de derrota golpeaba su alma. A su esposa le dedica y ofrece la ternura de sus heridas interiores, la oscuridad que lo embarga que parece más un símil de la muerte, el recuerdo de sus hijos concebidos y su asombrosa confesión de la última bala, como premonición de que ya no tenía ni fuerzas para usarla.

En sus días postreros al norte de Río Grande, en lo alto de los macizos montañosos, los pobladores, en su mayoría indios, huían temerosos de la tropa guerrillera del Che. Y el Che Guevara muere consciente del rechazo de los campesinos a su proyecto revolucionario.

A los indios parece que le asustaban los pelos largos, las barbas tupidas y la ropa sucia y desaliñada de los guerrilleros. Inclusive, parte de la tropa guerrillera comenzó a padecer de psicosis bélica, como era el caso de Olo Pantoja que veía a soldados bolivianos acercarse con frecuencia y, sin embargo, era sólo una alucinación. El mismo Pacho o Pachungo confiesa en su diario que se siente confundido, porque se le une el día con la noche. Acepta que está rodeado por el ejército, por lo que tiene su pistola preparada para matarse antes de caer prisionero[1].

En estas horas de angustia, abandono y soledad humana, la principal preocupación del Che Guevara era la psicosis de muerte que padecían algunos de sus lugartenientes, además de que su debilidad física y mental le impedía tomar las decisiones acertadas. Las emociones del Che —parecían en esos días postreros— dolidas y quebradas en todos sus costados.

Una vez que Manila —dígase Fidel Castro y la Dirección General de Inteligencia del Gobierno cubano— no demostrara

---

[1] Fernández Montes de Oca. *El Diario de Pacho*. Punto y Coma, 1987 / págs. 97-99

el más mínimo interés por rehacer el enlace con Guevara y hacer todo lo humana y políticamente posible por sacarlo del precipicio o de la inmensa telaraña boliviana, el fin catastrófico del Che Guevara y su guerrilla de cubanos y bolivianos era inevitable.

Benigno, uno de los combatientes guerrilleros más fieles al Che, dijo en una ocasión de forma acusatoria y descarnada: «bueno, parece como si Cuba quisiera deshacerse de nosotros».

Pero dijo más, cuando en un acto de desahogo brutal, comentó que toda esta historia tan llena de sufrimientos y de muertes, tiene un autor que se llama Fidel Castro[2].

Veamos en una secuencia rápida y de paradas puntuales, como esa frase tan dura de Benigno, se va convirtiendo con el paso de los acontecimientos y de los años en una verdad apabullante:

Al llegar el Che a la zona de Ñancahuazú y visitar al campesino Honorato Rojas en la casa escogida como campamento central, llamada la Casa de Calamina, una casa de ladrillos con techo de zinc, se entera directamente por los comentarios de Rojas de que el ejército se encontraba a escasos 40 kilómetros construyendo escuelas y caminos.

Por lo que Che comenta con absoluta franqueza crítica entre sus subalternos: «y qué carajo hacemos nosotros aquí si el ejército está tan cerca construyendo un camino».

Ya analizamos en el capítulo anterior lo inconcebible, contradictorio y hasta errático de instalar el campamento del Che Guevara en Ñancahuazú, sin previa evaluación de sus desventajas objetivas.

---

2 Alarcón Ramírez, «Benigno». *Memorias de un soldado*, Tusquets, 1997 / pág. 309

Desde su refugio en Moscú, años después, el propio Mario Monje reconocería que la decisión de elegir Ñancahuazú y de comprar la finca de la Casa de Calamina, «fue arbitraria y nada estratégica».

Si este reconocimiento tardío de Monje, que costó la vida a los guerrilleros cubanos y por ende al Che Guevara, tuviera algún valor de conciencia, sería el de un golpe mortal de vergüenza para unos cuantos.

Al final toda esta cruda realidad lo que mostró con lujo de detalles es que Mario Monje y el Partido Comunista Boliviano estaban alineados con la coexistencia pacífica de la Unión Soviética y se oponían sin dobleces a cualquier aventura guerrillera o subversiva en el continente.

Ya sabemos que en los preámbulos del proyecto guerrillero del Che Guevara —concebido desde su refugio en Praga— él había indicado su preferencia de que fuese Argentina o Perú las zonas para el proyecto guerrillero, pero el Gobierno de La Habana se opuso en forma tenaz y terminante a esa ubicación.

También conocemos la contradicción sospechosa de que Fidel Castro decía al boliviano Mario Monje que ayudara al proyecto revolucionario de utilizar el territorio boliviano para que los guerrilleros pudieran llegar a Perú, sin mencionar el nombre de Guevara, y le decía al Che que el proyecto guerrillero no podía ser en Perú, sino en Bolivia y que tendrían la colaboración entusiasta del Partido Comunista Boliviano.

¡Vaya interesante galimatías de mentiras por todas las bandas! Lo que corrobora que realmente Fidel Castro mintió a ambos sin ningún tipo de pudor en este preámbulo pleno de riesgos y sacrificios supremos.

Testimonios de amigos cercanos, aseguran que el estribillo del Che era repetir sin descanso que después de

Cuba, su próximo destino sería «liberar» su país natal, Argentina[3].

Sin embargo, el Congo lo desvió definitivamente de su terruño, porque a pesar de su insistencia, nunca logró que Fidel Castro lo apoyara en ese objetivo preciso.

El abatimiento del Che Guevara por la huida del Congo lo hacía considerar que la revolución cubana estaba condenada al estancamiento por su dependencia casi sumisa con la Unión Soviética[4].

Finalmente la variante del nuevo destino guerrillero para el Che Guevara se dirige definitivamente a Bolivia, a pesar de todas las contradicciones inherentes.

Vamos a recorrer sin demora, como toda la trayectoria del Che y los guerrilleros cubanos en Bolivia, se convirtió realmente en un calvario de desaciertos y tropiezos para estos hombres que aspiraban a organizar el movimiento guerrillero más importante de la historia americana, sólo comparable al de Vietnam, según el propio vaticinio del Che Guevara.

Sin embargo, la intentona concluyó como un grupo de revolucionarios hambrientos y sedientos, sin la más mínima esperanza de subsistir militarmente, en gran medida porque no encontraron el más mínimo apoyo de los campesinos bolivianos.

Resulta muy significativo que en los diez meses de vida de la guerrilla del Che Guevara en Bolivia, ni un solo campesino boliviano se sumó voluntariamente a esas fuerzas irregulares.

En Bolivia, el Che comete el mismo error del Congo, a pesar de que en sus memorias *Pasajes de la Guerra Revolucionaria (Congo),* lo reconoció con profunda claridad intelectual, que su gran error fue confiar equivo-

---

3 O'Donnell, Pacho. *Che.* Debolsillo, 2005 / págs. 396-398
4 Ortega, Luis. *Yo soy el Che.* Espuela de Plata, 2009 / pág. 283

cadamente en que su sola presencia en territorio del Congo atraería el apoyo de los congoleses.

Sin descontar los errores de cierta arrogancia o sentimiento de superioridad en el mando que lo distanciaron de la realidad, con el agravante de volver a diferenciar a los combatientes cubanos de los autóctonos, lo que agravó la necesaria integración entre todos los combatientes[5].

A esta falla trágica de un ego hipertrofiado y una relación mal manejada por la jefatura, se suma el desconocimiento del terreno. Pero algo que empeora este escenario es que el Che llega a territorio boliviano, como al Congo, sin la estructura logística de apoyo con la cual contó la revolución cubana de Fidel Castro, por las aportaciones solidarias del Movimiento 26 de Julio, dirigido por Frank País, y por la estructura campesina, coordinada por Crescencio Pérez, una especie de patriarca del campesinado, líder de la Sierra Maestra, conocido como el «bandido de las montañas», que tenía bajo sus órdenes a un grupo de mil o dos mil campesinos por toda el área montañosa[6].

Desde sus mismos inicios de exploración del terreno en febrero de 1967 en la zona escogida de Ñancahuazú, la guerrilla del Che es considerada como un grupo raro por los propios vecinos, que primeramente los identificaron como posibles narcotraficantes, más que como criadores de puercos, que es lo que ellos intentaban aparentar.

Lo mismo le pasó a la guerrilla guevarista en Salta, Argentina, en septiembre de 1963, cuando el grupo liderado por Jorge Masetti es derrotado en el pueblito de El Yuto.

---

5 Guevara, Ernesto. *Pasajes de la Guerra Revolucionaria*, Ocean Sur, 2009 / págs. 242-257
6 Franqui, Carlos. *Retrato de familia con Fidel*. Seix Barral, 1981 /pág. 458

En esta primera etapa del Che en Bolivia, se ahogan algunos guerrilleros por el rigor excesivo que Guevara impone en las marchas exploratorias de entrenamiento. Además dos guerrilleros bolivianos desertaron y le informaron al ejército sobre la existencia del núcleo irregular.

A principios del mes de marzo, unos cazadores y pescadores habían detectado a un grupo de tres jóvenes raros que se hacían pasar por supuestos estudiantes de una universidad de Potosí, con mucho dinero en efectivo y armas, por lo que inmediatamente estos cazadores lo informaron a la Cuarta División del ejército.

Todo esto provoca que las fuerzas armadas bolivianas, en menos de tres meses de haberse instalado en la zona, detecten la existencia del grupo irregular y su ubicación.

Cuando el ejército visita la Casa de Calamina, se encuentran una olla de agua hirviendo, un jeep color verde estacionado al fondo y algunos objetos personales.

Al día siguiente el ejército boliviano regresa para continuar la investigación, y entonces comprueba que los supuestos ocupantes del inmueble se habían marchado, llevándose consigo todo los utensilios de cocina.

Con esta investigación preliminar, el ejército confirma la presencia de irregulares en la zona, por lo que el Che decide prepararles una emboscada, que lleva a efecto el 23 de marzo, donde mueren el guía del grupo, un oficial, cinco soldados del ejército y catorce fueron detenidos.

Esta acción guerrillera fue definitivamente una acción errática y apresurada ordenada por el Che, que desencadena un comunicado oficial del gobierno boliviano sobre la noticia y permite que se confirme la presencia de guerrilleros o maleantes en la zona.

Por su parte, el primer comunicado de la guerrilla, bajo el nombre del Ejército de Liberación Nacional, no pudo ser transmitido, porque la planta de transmisión se había roto y en la logística inicial no se había previsto el envío de plantas alternas o sustitutas para la guerrilla.

Esta situación pone de relieve que, desde sus inicios en las montañas bolivianas, la guerrilla cubana del Che, se enfrenta a problemas muy graves de comunicación, de organización y de falta de previsión logística, que se agudizan con posterioridad.

En estos momentos iniciales, para dar más agilidad y penetración a su grupo guerrillero, el Che divide sus fuerzas en una sección de vanguardia, que integraban los cubanos Miguel Hernández Osorio, alias Manuel, Alberto Fernández Montes de Oca, alias Pachungo o Pacho, y Daniel Alarcón Ramírez, alias Benigno, más los bolivianos Humberto Vázquez-Viaña, alias Loro, Aniceto Reinaga, alias Aniceto, David Adriazola, alias Darío, Raúl Quispaya Choque, alias Raúl y Orlando Bazán, alias Camba.

La fuerza del centro la lideraba el Che, con los hermanos René Martínez Tamayo, alias Arturo, y José María Martínez Tamayo, alias Ricardo, Olo Pantoja, alias Antonio, Leonardo Tamayo, alias Urbano, Harry Villegas, alias Pombo, y Octavio de la Concepción de la Pedraja, alias el Médico, el Moro o Morogoro, todos cubanos. También los bolivianos Roberto Peredo, alias el Coco, Julio Méndez, alias el Ñato, Simeón Cuba Sarabia, alias Willy y Moisés Guevara, alias Moisés, integraban este núcleo central.

En esta fuerza tenemos que incluir la presencia del escritor francés, Regis Debray, del pintor argentino Ciro Bustos y de la guerrillera Tania, aunque estos tres últimos pasarían posteriormente al grupo de la retaguardia, donde muere finalmente Tania.

Y la retaguardia, al mando de Juan Vitalio Acuña, alias Joaquín, e integrada por los cubanos Jesús Suárez Gayol, alias el Rubio, Gustavo Machín, Antonio Sánchez Díaz, alias Marcos, más los bolivianos Antonio Núñez Tardío, alias Pan Divino, Apolinar Aquino Quispe, alias Apolinar y Casildo Condorí, alias Víctor, entre otros.

El 10 de abril la guerrilla del Che lleva a cabo —en otro error táctico de apresuramiento— una segunda emboscada al ejército boliviano, donde muere Jesús Suárez Gayol, alias el Rubio, un veterano revolucionario del Movimiento 26 de Julio.

Esta emboscada genera que el gobierno del general René Barrientos pida ayuda al gobierno norteamericano y a la CIA, por lo que en unas semanas, llegaría a Bolivia un grupo de militares de las Boinas Verdes norteamericanas, para entrenar y formar el Segundo Batallón de *Rangers* del Ejército Boliviano[7].

En ese grupo de militares, encabezado por «Pappy» Shelton, llegan los capitanes Edmond Fricke, Le Roy Mitchel y Margarito Cruz, el primer teniente Harvey Wallender, los sargentos Oliveiro Gómez, Rolando Milliard, los sargentos de primera clase Daniel Chapa y Héctor Rivera, expertos en armas ligeras, el primero, y de armas pesadas, el segundo.

También llegan los especialistas médicos, Jerald Petterson y James Hapta, además de los sargentos operadores de radio, Wendell Thompson y Alvin Graham.

A esta unidad de Boinas Verdes se suman posteriormente dos agentes de la CIA, Félix Rodríguez y Gustavo Villoldo, ambos cubanos y veteranos de la invasión de Playa Girón en 1961.

---

7 Weiss, Mitch & Maurer, Kevin. *Hunting Che, How a US Special Team*. Berkeley Edit., 2013

Posteriormente el 19 de abril, la guerrilla del Che detiene al periodista inglés Andrew Roth, que cumplía con la misión especial de facilitar la localización de los guerrilleros cubanos para los cuerpos de inteligencia bolivianos y norteamericanos.

Ya en esta etapa de la guerrilla, el Che resiente los inconvenientes de no contar con una planta de transmisión que le permitiese comunicarse con Cuba y el resto del mundo, mientras el gobierno norteamericano se ocupaba de enviar un grupo de veteranos de la contrainsurgencia para ayudar a las fuerzas armadas de Bolivia.

Por otra parte, a consecuencia del rompimiento con el Partido Comunista Boliviano, Guevara y su guerrilla se ven obligados a reclutar a bolivianos inexpertos en trajines de insurgencia, a través de los comunistas maoístas del sindicalista Moisés Guevara, lo que resultó un fracaso por el débil compromiso, la inexperiencia y la escasa preparación de estos hombres para los duros quehaceres de la vida guerrillera.

Inclusive se conoce que desde mediados del mes de marzo, la Dirección de Investigación Criminal del Ministerio del Interior boliviano, realizaba un seguimiento al dirigente obrero y tenía infiltrado a dos agentes en el grupo de este sindicalista boliviano.

Estos dos agentes bolivianos infiltrados, de nombre Vicente Rocabada Terrazas y Pastor Barrera Quintana, desertan en Camirí e informan a la Cuarta División del Ejército de la presencia en el grupo guerrillero del Che Guevara, de la ubicación del campamento y del número de los guerrilleros que lo integraban.

La guerra de guerrillas del Che en Bolivia había comenzado sus primeros combates en el mes de marzo, por lo que en el resumen del mes de abril el Che Guevara escribe en su diario de campaña lo siguiente:

«El aislamiento sigue siendo total; las enfermedades han minado la salud de algunos compañeros, obligándonos a dividir fuerzas, lo que nos ha quitado mucha efectividad; todavía no hemos podido hacer contacto con Joaquín; la base campesina sigue sin desarrollarse; aunque parece que mediante el terror planificado, lograremos la neutralidad de los más, el apoyo vendrá después. No se ha producido una sola incorporación...»

Joaquín era el oficial cubano, designado por el Che desde los inicios, para dirigir el grupo de la retaguardia. Otro inconveniente grave en esta primera secuencia de acontecimientos importantes ya mencionado anteriormente, es la salida del enlace Renán Montero de La Paz.

Pero aún más grave que su salida, es que no se haya previsto su reemplazo o el regreso inmediato de otro enlace. El Che quedaba aislado en las montañas bolivianas a su mejor suerte, sin contacto con La Paz ni con La Habana.

A esta decisión de dejar al Che Guevara sin su enlace en La Paz, se suma que el núcleo guerrillero, como dijimos, se había quedado sin su planta de transmisión y tampoco habían sido previstas plantas sustitutas.

De ahí el pronto aislamiento total de Guevara en Bolivia, que prácticamente disminuyó su movilidad, no tuvo medios para divulgar sus acciones guerrilleras ni fuentes de comunicación para planificar y garantizar su abastecimiento.

Ante este escenario nebuloso, pleno de carencias, desde el comienzo, el Che comete otro error grave en su estrategia guerrillera en Bolivia, que es ordenar que el escritor francés Regis Debray y el pintor argentino Ciro Bustos, su contacto principal con los planes guerrilleros en Argentina, abandonen la guerrilla de Ñanchaguazú.

El razonamiento de Guevara, ante su aislamiento prematuro, era que Debray saliera de Bolivia y se ocupase desde el exterior en elaborar una campaña internacional a favor de la guerrilla y llevar —a su vez— un mensaje a Fidel sobre la importancia de restablecer los contactos, mientras Bustos iría a reactivar la red conspirativa en Argentina.

Para esta operación de facilitar la salida de Debray y Bustos de la guerrilla boliviana, el Che utiliza a su grupo de retaguardia al mando de Joaquín, lo que provoca que a partir de este momento táctico, la vanguardia y la retaguardia se separen y pierdan el contacto. No volverían a encontrarse nunca más.

Así separadas, a pesar del esfuerzo y la persistencia del Che y de Joaquín por reencontrarse, ambas brigadas encontrarían su aniquilación.

Posteriormente se supo que, aunque sin saberlo, los dos grupos se movían a distancias muy cercanas, lo que demuestra la gravedad de que la guerrilla careciera de un conocimiento a fondo de la zona, de guías confiables, de mapas actualizados, de una red básica de apoyo campesino, de plantas de comunicación efectivas y de contactos regulares con La Paz y con La Habana.

El 20 de abril, Regis Debray y Ciro Bustos, son dejados por la retaguardia en la ciudad rural de Muyupampa y esto desencadena el peor desastre en toda la existencia de la guerrilla, pues ambos son detenidos con cierta rapidez por el ejército boliviano y durante los interrogatorios, confirman la presencia de los guerrilleros cubanos en Bolivia.

Para colmo de males, el pintor Ciro Bustos hace el retrato hablado de algunos guerrilleros y con su declaración escrita añadida, reconfirma que el Che se encuentra en territorio boliviano.

También, de acuerdo con los registros de ambas declaraciones, se conoce que Debray relató muchas interioridades de su participación guerrillera, por lo que el propio Che lo afirma en su *Diario*, cuando dice que «Debray habló más de la cuenta».

En una entrevista de 1968 en la revista norteamericana *Evergreen Review*, el periodista George Andrew Roth confirma que Regis Debray informó a los entrevistadores de la CIA todo lo que sabía sobre la presencia del Che en Bolivia[8].

Con esta información de Debray, alias Danton, la CIA o parte de la agencia entierra su equivocada creencia de que el Che podía haber muerto en la jornada guerrillera del Congo.

En el mes de abril, ya con cierta escasez alimenticia y de medicamentos para su asma, la guerrilla del Che sufre la baja de Rolando, cuyo nombre verdadero era Eliseo Reyes Rodríguez, otro veterano guerrillero de la Sierra Maestra.

«Día negro», escribió Guevara en su *Diario de campaña*.

El hambre, la falta de comunicación, la sed y la persecución firme del ejército boliviano seguían golpeando, tanto a la vanguardia, como a la retaguardia de la guerrilla cubana.

«Falta total de incorporación campesina», escribiría el Che en su diario el 28 de mayo. Unas semanas después, el 26 de junio, muere en combate el guerrillero Carlos Coello, alías Tuma, un guerrillero inseparable del Che, por lo que escribe en su *Diario*, «con él se me fue un compañero inseparable de una fidelidad a toda prueba, cuya ausencia siento desde ahora casi como la de un hijo».

Algunos de los guerrilleros, presentes en la despedida de Tuma, dejan testimonios de las lágrimas del Che por su muerte en combate.

---

8 Entrevista en la revista norteamericana *Evergreen Review*, 1968

En el mes de julio el Che ratifica en su *Diario* «la falta total de contactos con el exterior» y añade la imposibilidad de encontrar al grupo guerrillero de la retaguardia, la falta de incorporación campesina a la guerrilla y la pérdida de combatientes.

El 30 de julio muere el guerrillero José María Martínez Tamayo, alias Papi, sorprendido en su campamento por el ejército boliviano.

Según el mismo Che, un guerrillero indisciplinado, pero un excelente combatiente. Con él muere el guerrillero boliviano Raúl Quispaya Choque, un hombre del grupo maoísta de Moisés Guevara.

«Ahora somos 22, con 3 baldados, incluyéndome a mí, lo que disminuye la movilidad», afirma Guevara en su *Diario*.

En el mes de agosto el Che se va acercando a su final, por lo que reconoce el «decaimiento de la moral combativa» y vuelve a ratificar que «seguimos sin contacto de ninguna especie».

Vale la pena destacar, según la vieja sentencia jurídica de que a confesión de partes, relevo de pruebas, que por el aislamiento que padecían, la moral combativa de la guerrilla del Che en Bolivia se encontraba a su nivel más bajo.

Llegamos al mes de agosto y de acuerdo a todos los testimonios, la desmoralización en la guerrilla del Che Guevara era generalizada. Seguían perdiendo hombres valiosos, las delaciones eran continuas, el hambre los debilitada hasta el extremo, carecían de agua, el Che andaba sin sus medicamentos para el asma y el aislamiento persistente los iba desgastando y desgarrando física y moralmente.

Por lo que sentencia en su *Diario*: «seguimos sin contacto de ninguna especie y sin razonable esperanza de establecerlo en fecha próxima. Hay un decaimiento de la moral combativa».

Fue una etapa en la guerrilla muy desmoralizante en la que tenían que sacrificar los caballos y las mulas para poder comer, según testimonios de ellos mismos.

Por estos días, el Che pierde su control emocional y apuñala a la propia yegua que montaba porque iba muy despacio. Posterior a este incidente emocional, llega la noticia de que es aniquilado por la zona de la ciudad de Muyupampa, el grupo guerrillero de la retaguardia, al mando de Joaquín.

Todo se debió a una delación del campesino Honorato Rojas, que los condujo hacia las orillas del río Grande, zona controlada por la Octava División del ejército.

En esta emboscada, que fue una verdadera masacre y un mal augurio para la guerrilla del Che Guevara, mueren los guerrilleros Tania Bunker, Gustavo Machín y Moisés Guevara, entre otros.

El Che inicialmente no podía creer la noticia de la aniquilación total de la brigada guerrillera que cubría la retaguardia. Con esta derrota, la guerrilla cubana perdía un tercio de sus fuerzas. Los cadáveres deformados y putrefactos fueron expuestos en la lavandería del hospital «Nuestro Señor de Malta», para que el pueblo comprobara la presencia de guerrilleros en la zona[9].

Entre los objetos que guardó el teniente coronel Selich, después de la emboscada, donde perece toda la retaguardia del Che, se encuentra un poema de Tania la Guerrillera, que reza así:

> *No te vayas guitarrero,*
> *que se me apaga la luz del alma.*
> *Quiero volver a amanecer*
> *para morir en las cacharpayas.*

---

9 O'Donnell, Pacho. *Che*. Debolsillo, 2005 / pág. 483

Las cacharpayas son una fiesta andina en la que se canta y baila con el objetivo de despedir a un ser amado. Aunque el Che estaba disgustado con Tania, por haber abandonado su trabajo de inteligencia en La Paz para incorporarse físicamente a la guerrilla sin su autorización, no cabe duda de que debió haber sentido mucho la muerte de esta mujer alemana, que había confiado en él y en su proyecto, sin condiciones.

Algunos muy cercanos al Che Guevara y a sus andanzas por el mundo afirman que, en la primera etapa de su relación revolucionaria, ambos habían sido amantes.

Ya en septiembre los medios de prensa comienzan a informar que el ejército tiene acorralado al Che y a su guerrilla. Por esta época se confirma la incorporación de dos cubanos, como agentes de la CIA, para colaborar con el ejército boliviano en la captura del Che Guevara.

Ellos son Félix Rodríguez y Gustavo Villoldo, ambos veteranos combatientes anticomunistas contra el régimen de Fidel Castro, que llegaron a la Paz a principios del mes de agosto y tienen una participación muy activa en la captura y localización del Che.

A su vez, ya en este mes de septiembre se confirma la presencia en el ejército boliviano, de un grupo de Boinas Verdes norteamericanos, liderados por el veterano «Pappi» Shelton y el capitán Leroy Mitchell, ya mencionados anteriormente, como instructores de contrainsurgencia del ejército boliviano, para combatir a la guerrilla cubana del Che.

Documentos posteriores, como la afirmación de Leonid Brezhnev, primer ministro de la URSS, de que las actividades guerrilleras en Bolivia «eran dañinas para los verdaderos intereses de la causa comunista», son un reflejo que explica el esfuerzo que debe haber realizado la NKVD soviética, paralelamente al de la CIA, para lograr la derrota a la guerrilla cubana del Che[10].

Ambas agencias de inteligencia consideraban al Che Guevara una persona de valor, inteligencia y peligrosidad explosiva. Producto del acoso constante del ejército boliviano, el Che decide abandonar el río Grande rumbo a los macizos montañosos más al norte, habitados principalmente por indios.

El ascenso de la guerrilla hacia el Norte fue caótico porque ya carecían de las energías suficientes, de alimentos, de agua y lo principal para el Che, de sus medicamentos para el asma.

Un hecho inusitado viene a agravar la situación emocional del Che y de sus cuadros de confianza, pues a mediados de septiembre es capturada en La Paz la joven boliviana a la que el Che había designado como la financiera de la guerrilla, Loyola Guzmán.

La Guzmán intenta suicidarse tirándose por una ventana del tercer piso del Ministerio del Interior para evitar que la pudieran torturar y la obligaran a delatar a sus compañeros de la guerrilla, pero queda con vida.

En su huida hacia el norte del río Grande, el Che y sus fuerzas diezmadas llegan a una altura de dos mil metros, en el poblado de Alto Seco.

El Che confiesa que durante la marcha observó el miedo de los pobladores que se alejaban de los guerrilleros. En esa coyuntura, ya el ejército tenía la información de que la guerrilla cubana se desplazaba con extrema lentitud, entre otras razones, por la enfermedad del Che, que lo obligaba a viajar a caballo.

Testimonios posteriores de los sobrevivientes de la guerrilla, afirman, que ya el Che no tenía fuerzas para caminar, estaba herido en el hombro, su ánimo era de-

---

10 Castañeda, Jorge G. *La vida en rojo*. Alfaguara, 1997 / pág. 468

plorable, sin olvidar el agravante de que había perdido sus botas, por lo que en sus pies tenía amarrados unos trapos de sacos de yute, intentando que sirvieran de alpargatas y que cubrieran las llagas de sus pies.

Antes de llegar al poblado de Alto Seco, ya el ejército sabía que los guerrilleros andaban por la zona. El Che mismo, producto del agotamiento, hambre, sed, asma y ánimo por los suelos, violaba los principios más elementales de la guerrilla, ordenando caminar al descubierto, sin preocuparse de la presencia de extraños y/o del ejército boliviano.

Al llegar al pueblo de la Higuera, las fuerzas guerrilleras caen en una emboscada, en la que mueren el cubano Manuel Hernández Osorio, alias Manuel, y los bolivianos Roberto Peredo, alias Coco, y Mario Gutierrez, alias Julio.

Ante esta situación desastrosa, los bolivianos Camba (Orlando Jiménez Bazán) y León (Antonio Domínguez Flores), aprovechan una oportunidad de descuido y desertan.

El Che y algunos de sus hombres, con enorme trabajo y exhaustos, logran huir hacia un cañón montañoso, más hacia el norte, donde se ocultan por dos o tres días.

Adelantando la captura del Che Guevara y la aniquilación de la guerrilla cubana en Bolivia, el presidente boliviano René Barrientos llega a Vallegrande con su equipo de gobierno y sus colaboradores.

El 7 de octubre los guerrilleros, bajo el liderazgo muy apagado del Che Guevara, avanzan lentamente por un desfiladero cercano a La Higuera.

Al día siguiente en la Quebrada del Churo se produce un intenso tiroteo entre el ejército, comandado por el capitán Gary Prado, y la fuerza guerrillera cubana, donde mueren los guerrilleros René Martínez Tamayo, alias Arturo, y Antonio Sánchez Díaz, alias Pinares.

El Che quedó herido en la pantorrilla y desarmado de su carabina M-2, dañada por un disparo que golpeó el cañón del fusil. Sin embargo, su pistola y el cargador de la misma se encontraban en buenas condiciones.

A los pocos minutos el sargento de origen indio, Bernardino Huanca, apareció entre los arbustos montañosos y le apuntó al Che con su fusil.

No podemos eludir la frase misteriosa que el Che dice a su captor en el preciso momento de su captura, porque contradice con la predica sistemática a sus subalternos de no dejarse arrestar por el enemigo. El Che dice así: «no dispare, no dispare, soy el Che Guevara y valgo más vivo que muerto».

El misterio queda abierto a la especulación porque la bala que el Che llevaba en el directo de su pistola, no se activó. Y él sería el único en explicar su motivación más íntima para no quitarse la vida.

Casi todos sus biógrafos coinciden en que el Che Guevara es capturado como un verdadero guiñapo humano, en su mayor miseria, sin sus botas, sin alimentos, sucio y hediondo, sin contactos de ningún tipo ni con La Paz ni con sus supuestos compañeros en La Habana, y lo peor, desesperado por el asma que lo iba ahogando a sonidos guturales destemplados en busca de un poco de aire.

En el último combate habían muerto los guerrilleros cubanos Arturo (Martínez Tamayo) y Orlando (Olo Pantoja). El Che, ya detenido, es atado de pies y manos en la escuela de La Higuera.

En horas de la noche, el teniente coronel Andrés Selich preguntó a Vallegrande dónde se encontraba el presidente René Barrientos, y qué debía hacer con el Che Guevara.

Acto seguido, acompañado de otros oficiales, Selich se acercó al Che y le preguntó por qué se encontraba deprimido. A lo que el Che contestó, «porque he fracasado».

Allí los oficiales bolivianos comenzaron a leer los apuntes del *Diario de campaña* del Che hasta altas horas de la madrugada. En la madrugada del 9 de octubre un helicóptero aterrizó en La Higuera con el coronel Joaquín Zenteno y el capitán Ramos, que en realidad era el cubano agente de la CIA, Félix Rodríguez.

De acuerdo al relato posterior de Félix Rodríguez, el Che parecía un mendigo, por lo sucio y harapiento, además de su cuerpo herido y ensangrentado, con unos trapos sucios atados a sus pies.

Cuenta el mismo Rodríguez que inmediatamente se puso a fotografiar todas las páginas del *Diario* del Che, una vez que informara a su base de la CIA de la captura del argentino.

Al mediodía de ese 9 de octubre, el coronel Zenteno Anaya dio la orden de que el comandante Ayoroa se hiciese cargo de proceder a la ejecución sumaria del Che.

Según testimonios posteriores del teniente coronel Selich, tanto él, como el oficial de la CIA, Félix Rodríguez, eran de la opinión de no ejecutar el Che, porque pensaban que era más valioso mantenerlo vivo que muerto.

La Agencia Central de Inteligencia (CIA) ofreció al coronel Zenteno Anaya un avión para trasladar al Che a Panamá, pero este le contesto a los norteamericanos que no podía desobedecer una orden del presidente y general René Barrientos.

A las 13 y 10 minutos del 9 de octubre de 1967, el Che Guevara es ejecutado de varios disparos en el pecho por un sargento de estatura pequeña, Mario Terán, que se había ofrecido de voluntario.

El 10 de octubre, con el cadáver del Che Guevara en Vallegrande, el general Ovando Candía ordena amputarle las dos manos, como prueba de su muerte.

Todo parece indicar que estos militares bolivianos, que ordenaron cortar las manos del Che, creían que con este acto de castración humana, podían silenciar la memoria del guerrillero argentino.

Se equivocaron, no fue así, la memoria del Che voló como el Ave Fénix para quedar al resguardo de millones de jóvenes en todo el mundo que lo han seguido venerando por haber entregado su vida por sus ideas.

De haber sido juzgado por los tribunales competentes bolivianos, como debió ser, el Che habría aparecido como un intruso incompetente y sanguinario en un país pobre de mayoría indígena.

Además de atemorizado al final y con más deseos de vivir que de morir.

Es precisamente aquí, en esta coyuntura ruinosa por la pérdida de vidas humanas, de uno y otro bando, que nace el mito del Che Guevara, con el cual muchos jóvenes en el mundo alzan su memoria con veneración y respeto.

Con su muerte el Che demostraba que podía ser un excelente teórico del foco guerrillero, pero que en la realidad, era un pésimo operador y dirigente para llevar a efectos el éxito de cualquier empresa de este tipo.

Su estrategia guerrillera fracasó estrepitosamente en Salta, Argentina, en el Congo, África, y en La Higuera, Bolivia. Por supuesto, tenemos que adicionar, que sus supuestos aliados en su proyecto boliviano —Fidel Castro y el Partido Comunista de Bolivia— se convirtieron, más que en aliados, en cómplices de su más encarnizado enemigo, la NKVD soviética.

Triste paradoja que fuera la Agencia Central de Inteligencia (CIA) la única institución, que intercedió ante los militares bolivianos para salvar la vida del Che Guevara[11].

La CIA coincidía con el Che Guevara en que él valía más vivo que muerto...

---

11 Rodríguez, Félix y Weisman, John. *Shadow Warrior*. NY, Simon and Schuster, 1989.

Capítulo 6

El abandono · El Che era una sombra muy grande para Fidel · Causas del abandono · Poema a Cristo

> «Fidel tenía necesidad de deshacerse del Che.»
> («Benigno», lugarteniente del Che en Bolivia y
> guerrillero de la Sierra Maestra, Cuba)

Esta investigación va concluyendo, después de una jornada larga de escudriñar hechos, recorrer ensayos, biografías disímiles y revisar un prolífico epistolario alrededor del Che Guevara, en busca de una aproximación lógica y coherente sobre el por qué muere en las montañas bolivianas, aislado del mundo y como un pordiosero sin apenas un mendrugo de pan para llevarse a la boca.

Como hechos previos y sin una conexión directa aparente con el desastre de la guerrilla en Bolivia, pero íntimamente relacionados en su común denominador de fracasos, tenemos el diario del Che durante su periplo guerrillero en África, que él tituló, *Pasajes de la Guerra Revolucionaria (Congo),* que ya comentamos.

El gobierno de La Habana esperó cuarenta años para publicar este documento de memorias del Congo. Nadie sabe a ciencia cierta las razones de esta tardanza.

Aunque algunos de sus historiadores más perspicaces, indican una intención —al no publicarlos— de ocultar el profundo disgusto del Che Guevara, expresado en esas memorias, por la decisión del gobierno de La Habana, sin previa consulta con él, de ordenar el fin de la operación guerrillera en el Congo.

Tampoco se ha publicado en Cuba el intercambio completo de cartas entre el Che Guevara y su madre Celia. Se conoce de una carta del Che a su madre, antes de partir para el continente africano, donde le informaba de algunas fricciones con el gobierno de Fidel Castro y le pedía que no viajase a Cuba hasta nuevo aviso.

Públicamente se supo de esta misiva del Che a su madre, anunciándole un viaje raro al exterior, por una carta de respuesta que Celia envía a su hijo a La Habana. Sintomático que estas cartas tampoco hayan sido publicadas en Cuba[1].

Decía Celia en un fragmento de esa carta a su hijo: «A quién se ha dado la razón, o la primacía, de la disputa por los motivos que deben ser causales por la incentivación», lo que demuestra que conocía el meollo de la gran discrepancia sobre el voluntarismo y sobre la disyuntiva chino-soviética que separaba a su hijo de Fidel Castro en ese momento[2].

Hacemos un paréntesis o salto al pasado reciente, para reforzar hechos puntuales en el marco histórico de la presente investigación. Añadimos dos anécdotas premonitorias. La primera acaecida el seis de enero de 1959 en la ciudad de Cienfuegos, cuando Fidel Castro

---
[1] Constenla, Julia. *Celia, la madre del Che*, Ed. Suramericana, 2004 / pág.. 263
[2] O'Donnell, Pacho. *Che*. Debolsillo, 2005 / págs. 342-348

se reunió con los comandantes del Segundo Frente del Escambray, Lázaro Ascencio y Armando Fleites, porque retrata con anticipación un hecho de trascendencia histórica, como el que intentamos desentrañar con este libro sobre la muerte del Che Guevara[3].

Los dos comandantes, viejos amigos cercanos a Fidel Castro, desde la etapa universitaria, solicitaron la reunión. Durante el encuentro, Ascencio le comentó a Fidel que la mayor preocupación de los revolucionarios del Segundo Frente del Escambray era el peligro comunista que se cernía sobre Cuba y su revolución.

A lo que Fidel contestó a ambos sin inmutarse, «no se preocupen, que los únicos comunistas de la revolución son mi hermano Raúl y el Che Guevara, y que a Raúl de un manotazo le quitaría sus ínfulas de mando y que al Che lo enviaría a un frente guerrillero lejano para que los imperialistas lo liquiden».

Esta anécdota textual bien podría quedar dentro de un anecdotario frágil y hasta risible, si no tuviésemos más elementos para entender la génesis de estos eslabones en el desarrollo de un tormentoso proceso guerrillero que condujo al Che Guevara a encontrar la muerte en territorio boliviano, sin la solidaridad esperada de sus más cercanos compañeros de revolución desde La Habana.

Claro, el desencadenante verdadero de este comentario histórico de Fidel Castro con los comandantes Ascencio y Fleites, se enlaza perfectamente con la realidad posterior, porque a escasos dos años a posteriori, la revolución cubana asumía el giro de convertirse en comunista por decisión expresa del mismo Fidel Castro y el apoyo de sus más radicales lugartenientes.

---

3 Relato de conversación directa con Armando Fleites, comandante rebelde.

Lo interesante del comentario de Fidel a Ascencio y a Fleites es su similitud con lo que al final le ocurrió realmente al Che Guevara en La Higuera, con la circunstancia dramática de morir sin el respaldo esperado del Gobierno revolucionario de La Habana.

La segunda anécdota ocurrió meses después, pero presenta una similitud asombrosa con la anterior. Los dirigentes del Movimiento 26 de Julio, Vicente Báez, Emilio Guedes y Horacio Fernández Vila se reúnen con Fidel Castro para presentarle la preocupación de muchos dirigentes de la organización revolucionaria sobre cómo los comunistas, con el apoyo de Raúl Castro y el Che Guevara, se estaban infiltrando en todos los niveles de la Revolución Cubana.

A lo que Fidel contestó que esa actitud de Raúl y el Che rondaba con la traición, por lo que les pidió confianza y tiempo para resolver ese problema[4].

Las secuencias de hechos o los eslabones que hicieron posible el abandono en el que murió el Che Guevara y provocaron la tragedia de su muerte en suelo boliviano son conocidos y están a la mano para ser evaluados con la mayor objetividad posible.

Revisemos estos eslabones con el mayor número de detalles posible:

## EL PRIMER ESLABÓN DEL ABANDONO

Este primer eslabón, el más importante porque es el que provoca el punto de inflexión, de distanciamiento y de discrepancia entre Fidel Castro y Ernesto (Che) Guevara, se centra en la comparecencia del Che Guevara en

---

[4] Guedes, Emilio. *Cuba, la revolución que no fue*. Eriginal Books, 2013 / pág. 702

la Conferencia Afroasiática en Argelia (24 de febrero de 1965), cuando con su desenfreno y sinceridad peculiar, levantó su voz para criticar con determinación a los soviéticos por imperialistas y mercantilistas, comparándolos simplemente con los Estados Unidos[5].

Esta comparecencia produjo la primera acusación, por parte de Raúl Castro, con la aquiescencia de Fidel presente en la tensa reunión entre los tres a su regreso de Argel, de que el Che era un trotskista prochino, que ponía en peligro las relaciones entre la revolución cubana y la URSS, en un momento donde Fidel Castro comenzaba a tejer su estrecha relación con la alta dirigencia de la Unión Soviética.

Ante los gritos de Raúl Castro acusando al Che de trotskista, el Che le respondió airado: «eres un estúpido, eres un estúpido». Entonces el Che se marchó de la reunión con un portazo en las narices de ambos.

Esta acusación de Raúl Castro, de que el Che era un simpatizante de la República Popular China y no de la Unión Soviética, perseguirá a Ernesto Guevara por todo el resto de su corta vida de revolucionario.

A partir de este momento el Che Guevara va desapareciendo de la escena pública cubana. Esto crea un ambiente de comentarios, de zozobra social y de ciertas expectativas espontáneas. Se da una primera versión, manejada por el gobierno revolucionario y sus redes de inteligencia, de que Guevara se había ido a cortar caña en las provincias orientales.

Tanto la Agencia Central de Inteligencia (CIA) estadounidense, como la agencia soviética de inteligencia, la NKVD, levantan sus antenas receptivas para conocer el verdadero paradero del comandante argentino.

---

[5] Discurso del Che Guevara en la Conferencia de Argelia. (Ver en Sección Documentos)

La propia revista norteamericana de izquierda, *Monthly Review*, se pregunta públicamente: «¿Fidel Castro tiene conciencia de lo que está realmente en juego en el caso de Guevara? ¿Se da cuenta de que cada demora en el esclarecimiento del misterio contribuye a la angustia y a las dudas de revolucionarios honestos, y a la alegría de sus enemigos?»

El embajador soviético en Cuba, Alexander Alexeiev, consciente de la importancia de la desaparición del Che de la escena pública, le pregunta directamente a Fidel Castro por el paradero de Guevara, durante un corte de caña en Camagüey.

Fidel hace un aparte con Alexeiev y le dice en voz baja, «el Che no está cortando cañas en Oriente, se fue para África. No quiero que comuniques esto por radio o clave, pero quiero que lo informes personalmente a tus dirigentes, cuando puedas».

O sea que directamente, sin subterfugios ni disimulos, es Fidel Castro, en persona ante el embajador de la Unión Soviética en Cuba, Alexander Alexeiev, el hombre que informa a la inteligencia soviética (NKVD) de que el Che está en el Congo y no está cortando caña en la zafra azucarera cubana[6].

Paralelamente y durante esta etapa, Fidel comenzaba a tejer una compleja red de amistad y componendas de utilidad económica con la Unión Soviética, dentro del complicado escenario de la Guerra Fría, a pesar de que algunos viejos cuadros comunistas, dentro de la ortodoxia más rancia del Partido Socialista Popular en Cuba (viejo partido comunista cubano) conspiraban para derrocarlo por considerarlo un improvisado dictador sin formación marxista.

---

6 Castañeda, Jorge G. *La vida en rojo*. Alfaguara, 1997 / pág. 370

Desde este momento, el Che se va convirtiendo en un elemento conflictivo para el aparato gubernamental cubano liderado por Fidel Castro, que miraba la alianza con la URSS, como salvadora, a pesar de que esta relación de dependencia con los soviéticos tuvo momentos de tensión conocidos entre Fidel y la propia dirigencia soviética.

Fidel asume entonces públicamente, en su discurso del 26 de julio de 1965 en Santa Clara, una postura ideológica opuesta a la del Che Guevara al atacar los estímulos morales y la centralización administrativa, en una muestra de su rápido acercamiento a los postulados básicos económicos de la Unión de Repúblicas Soviéticas (URSS).

Este distanciamiento entre Fidel y el Che queda evidenciado en la composición del primer Comité Central del recién creado Partido Comunista de Cuba (PCC) en 1965, el primero de octubre, cuando ninguno de los hombres de confianza del Che, que eran ministros del gobierno, ingresaron en el nuevo organismo partidista de dirección.

Fueron excluidos Luis Álvarez Rom, ministro de Finanzas; Orlando Borrego, ministro del Azúcar y Arturo Guzmán, ministro de Industrias por sustitución, los tres dirigentes cercanos al Che Guevara.

Otro apartado del Comité Central fue, Arturo Villaseca, amigo personal y profesor de matemáticas del Che, que fue ex director del Banco Nacional.

Pero al Che no le amilana este distanciamiento con Fidel Castro, pues en una entrevista que concede por esta época a la revista uruguaya *Marcha*, vuelve a la carga con su crítica a los estímulos materiales implantados por los yugoslavos, que en estos temas coincidían con la postura de la Unión Soviética.

A partir de estas incidencias, el Che Guevara desaparece de la escena pública cubana a la que no regresará nunca.

## EL SEGUNDO ESLABÓN DEL ABANDONO

Un segundo eslabón del abandono al Che se concentra en la errada y sospechosa elección de Bolivia como el lugar apropiado para organizar la guerrilla a donde se enviará al Che, siendo este el país que menos condiciones ofrecía para un proyecto guerrillero de esta naturaleza.

¿Qué explica que la Dirección General de Inteligencia. y Fidel Castro no hayan descartado de plano un país como Bolivia, que ellos sabían y así lo habían comentado que no presentaba las condiciones para un escenario guerrillero?

Paralelamente, en un informe secreto emitido en 1966, la Agencia Central de Inteligencia (CIA) explicaba que Bolivia era el país latinoamericano que menos peligros y condiciones presentaba para el desarrollo de un movimiento de guerra irregular[7].

Las razones, compartidas por todos los analistas políticos de la época y de la región, exponían que Bolivia, a partir de la revolución nacionalista en 1952 de Víctor Paz Estensoro, había entregado la tierra a los campesinos, a través de la Reforma Agraria, por lo que el país carecía de las condiciones para una rápida incorporación campesina a cualquier llamado revolucionario.

Toda esta situación obviamente presentaba dificultades objetivas para que Bolivia fuese el territorio indicado para el movimiento guerrillero diseñado desde La Habana.

---

7 Rostow, Walter. «Walter Rostow to the President», secret, Oct. 18, 1967

Pero a esto se añade el descuido raro de la Dirección General de Inteligencia en la preparación del escenario guerrillero en Ñancahuazú, cuando envía dos enormes, pesados y viejos transmisores de bulbos, utilizados durante la Segunda Guerra Mundial, que para funcionar necesitaban de una planta eléctrica potente adicional.

Uno de estos viejos aparatos transmisores se almacenó en una cueva, donde se empapó de agua y nunca pudo funcionar. Al otro transmisor se le rompieron los dos bulbos y nunca pudo volver a transmitir, por lo que el Che quedó sin comunicación desde el mes de febrero en las montañas bolivianas.

Esto, desde el mismo mes de febrero, era del total conocimiento de Fidel Castro y de cuanto funcionario cubano tuviese alguna relación con el proyecto guerrillero del Che Guevara en Bolivia.

Al final de su vida, Guevara sólo poseía un pequeño radio receptor de seis bandas, que no era capaz de transmitir ningún mensaje y sólo usaba para escuchar Radio Habana.

¿Por qué Fidel Castro y la Dirección General de Inteligencia no planificaron el envío de plantas de transmisión modernas, bien equipadas y en una cantidad suficiente para suplir cualquier desperfecto o pérdidas en combate, antes de la llegada del Che a Bolivia?

Otra pregunta que ha aún no ha tenido una respuesta lógica y coherente.

EL TERCER ESLABÓN DEL ABANDONO

A este nivel de la secuencia de los eslabones del abandono, estamos obligados a detenernos por ser el elemento humano más sospechoso, entre todos los mencionados, que fue la escogencia de Mario Monje y del Partido Comunista Boliviano, como los aliados del Che para desarrollar el proyecto guerrillero en Bolivia.

En ese momento casi todos los partidos comunistas en Latinoamérica, incluyendo el de Bolivia, sellaban una alianza en pro de la coexistencia pacífica con la Unión Soviética, a pesar de las enormes simpatías que levantó la revolución cubana entre las juventudes latinoamericanas desde 1959.

Este alineamiento de los partidos comunistas del continente con la coexistencia pacífica de los soviéticos, es lo que hace contradictorio que el gobierno cubano de Fidel Castro haya estimulado y forzado esta alianza para apoyar y consolidar el proyecto guerrillero del Che Guevara en Bolivia.

Por eso este eslabón es comprometedor, porque pone al descubierto la fragilidad de una alianza que realmente nunca existió o existió sólo en la mente fría y calculadora de un Fidel Castro que prefería —en concordancia con los dirigentes de la Unión Soviética— al Che Guevara distante de los corredores íntimos de la Revolución Cubana en La Habana.

Mario Monje, más interesado en boicotear el proyecto guerrillero, que en colaborar con él, fue la persona que decidió comprar la finca de Ñancahuazú, convenciendo a los lugartenientes de Guevara que era el sitio más adecuado.

Posteriormente, el propio Monje, como ya expresamos anteriormente, tuvo la osadía de confesar en una entrevista publicada en Moscú, que la escogencia y compra de la finca en Ñancahuazú, con su Casa de Calamina, no obedeció a ningún análisis serio de responsabilidad ni de logística.

Al llegar a Bolivia, como ya comentamos en el capítulo anterior, el propio Che Guevara se da cuenta de que el lugar no era el adecuado, que la zona carecía de campesinos y que muy cerca el Ejército Boliviano construía campamentos militares.

A todo lo anterior se suma que el escritor francés, Regis Debray, enviado a Bolivia por órdenes de Fidel Castro y la Dirección General de Inteligencia con el objetivo de evaluar la ubicación más adecuada para el campamento guerrillero del Che Guevara, fue categórico en su informe al recomendar las zonas del Alto Beni o de Los Yungas, como las más propicias y ventajosas por su clima y condiciones rurales, ambas bastante distantes de la escogida por Mario Monge.

Además estas zonas recomendadas por Debray se encontraban cerca de Perú, que era el segundo objetivo del Che, una vez descartada la Argentina por la férrea negativa de Fidel Castro.

Todo esto demuestra lo dudoso de escoger, como aliados principales de la guerrilla del Che Guevara en Bolivia, a un Partido Comunista Boliviano, alineado con absoluta lealtad a la línea estratégica de la «coexistencia pacífica» de la Unión Soviética.

## EL CUARTO ESLABÓN DEL ABANDONO

Lo más irritante de todo este hurgar alrededor de los eslabones que intentan explicar las razones del abandono al Che Guevara en Bolivia es la evidencia contundente de que ni Fidel Castro ni la Dirección General de Inteligencia en La Habana, mostraran ningún interés solidario por ir al rescate del guerrillero argentino, cuando todos sabían que su permanencia en territorio boliviano era precaria, altamente peligrosa y casi suicida.

Más bien Fidel Castro y la Dirección G. de Inteligencia hicieron todo lo contrario a lo que tenían que haber hecho para intentar rescatar al Che Guevara, porque movieron algunas piezas del tablero, como ordenar a Renán Montero, alias Iván, el enlace de Cuba en La Paz y alto oficial de la inteligencia cubana, que abandonara Bolivia, cuando más se necesitaba ese contacto para impulsar y proteger el desarrollo del proyecto guerrillero.

Esta evidencia sola, sin sumar las otras, coloca a las instancias oficiales cubanas, con Fidel Castro encabezándolas, como los principales ejes del abandono al Che Guevara en las montañas bolivianas.Sobre la salida de Montero abruptamente de La Paz, se han dado dos razones de poco peso por parte del Gobierno de Fidel Castro. La primera era que Montero viajaba a París para legalizar sus documentos y pasaportes vencidos.

La segunda fue que se encontraba enfermo, pero ninguna de estas dos razones llegaron a ser convincentes, porque en unos meses posteriores Montero fue enviado a Nicaragua a colaborar activamente con el Frente Farabundo Martí de los sandinistas.

También se sabe por Benigno y otros altos funcionarios cubanos, que un grupo de oficiales cubanos se encontraban organizados en La Habana para ir a rescate del Che Guevara en Bolivia.

Este grupo de rescatistas estaban encabezados por los comandantes Juan Carretero, alias Ariel, posteriormente embajador de Cuba en Irak, más los altos oficiales cubanos, Armando Campos y Enrique Acevedo[8].

Ellos tenían preparado un plan alterno de salvación para sacar al Che Guevara de las montañas bolivianas, que era de conocimiento del comandante Manuel Piñeiro, jefe de la Dirección General de Inteligencia (DGI), pero el mismo plan-

---

8 Alarcón Ramírez, «Benigno». *Memorias de un soldado cubano.* Tusquets, 1997 / págs. 186–187

fue desactivado por órdenes expresas de Fidel Castro, sin mediar explicación alguna.

Sin embargo, al año siguiente, Fidel Castro autorizó el rescate de 24 guerrilleros cubanos cercados en las montañas de Venezuela, donde se encontraba el comandante Arnaldo Ochoa.

Obviamente Fidel Castro tuvo interés en salvar al comandante Ochoa, pero esa no fue la misma actitud a la hora de ir al rescate del Che Guevara en las montañas bolivianas, cuyo plan de rescate fue menospreciado.

La denuncia del Che en Argel no solamente señalaba a los soviéticos, como mezquinos, sino que los acusaba de ejercer una acción cómplice de explotación imperialista, similar a la de Estados Unidos.

Según dijo en una entrevista que concedió el presidente argelino, Ahmed Ben Bella en 1964, «el Che tenía plena conciencia del asombro que despertaría en distintos círculos y de los aprietos en los que colocaba a Fidel Castro y a la revolución cubana. Los soviéticos ya tenían en la mira al Che Guevara por sus veleidades trotskistas, su simpatía real hacia los chinos, sus viajes a Pekín, sus andanzas africanas y su oposición tenaz a las recomendaciones rusas para el desarrollo de la economía cubana, que habían suscitado una alta dosis de animadversión en Moscú».

En un intento posterior, por intentar moderar la postura del Che sobre la Unión Soviética, Fidel decide enviarlo a Moscú en noviembre de 1964 para celebrar el 47 aniversario de la Revolución Bolchevique y la inauguración de la Casa de la Amistad Cubano-Soviética.

El Che no desaprovechó su presencia en Moscú para mediar en el conflicto internacional entre rusos y chinos, algo que a los dirigentes soviéticos les resultó sumamente desagradable.

Durante este periplo, el Che supo de primera mano, que los soviéticos contaban con el apoyo fiel e incondicional de casi todos los partidos comunistas latinoamericanos en la estrategia a favor de la coexistencia pacífica y en rechazo a cualquier operación insurreccional-guerrillera en América Latina.

Eso explica que en su discurso en Santiago de Cuba el 30 de noviembre de 1964, ya de regreso en Cuba, el Che criticara la negativa de los partidos comunistas latinoamericanos de colaborar con la lucha armada y afiliarse a la estrategia de coexistencia pacífica de la URSS.

En estos momentos va tomando perfiles muy bien marcados el distanciamiento de las dos personalidades más sobresalientes de la Revolución cubana, el Che Guevara y Fidel Castro.

Paralelamente, en otro incidente emocional que produjo una indignación razonable, al agravarse la salud de Celia, la madre de Ernesto Guevara en Argentina, la familia intenta una comunicación con La Habana para hablar con el Che, pero desde La Habana la respuesta fue seca y desproporcionadamente fría, inclusive la de Aleida March, la esposa del Che, pues todos le dijeron a los familiares de Guevara «que no podían localizar al Che».

Celia murió desesperada por no saber de su hijo, pero ni su gran amigo revolucionario, Ricardo Rojo, fue capaz de romper la barrera de silencio que Cuba levantó en esta ocasión.

Una carta de Celia publicada por Rojo tres años después en su libro, *Mi amigo el Che*, denota con tristeza que su madre intuía los problemas de su hijo con Fidel Castro[9].

---

9 Lee Anderson, John. *Che Guevara*. Grove Press, New York, 1997 / págs. 606-607

A este nivel tendríamos que hacernos la pregunta más inquietante de la presente investigación, sobre si fue consciente o fue un simple cúmulo de coincidencias y desaciertos, el abandono del Che en Bolivia.

Con su postura crítica a los soviéticos y a los Estados Unidos, como dos imperialismos parecidos, Guevara obtiene una dimensión de popularidad inconmensurable entre los jóvenes y las izquierdas en todo el mundo. No así Fidel, que una parte considerable de este sector de la izquierda empieza a verlo como un autócrata comunista por su apoyo a la invasión soviética a Checoslovaquia, por su persecución represiva y sistemática a los homosexuales en Cuba y por su desprecio a los seguidores musicales de John Lenon en la isla.

Este contraste o diferencia entre el Che y Fidel no era un asunto fácil de digerir con complacencia por Fidel Castro, una personalidad que venía demostrando el enorme poder de su egocentrismo y autoritarismo.

Por eso si aislamos los principales factores que prueban el abandono, como hipótesis de análisis político, vemos como cada uno de estos factores busca y se enlaza al otro con fuerza y espontaneidad.

Revisemos la forma en que Fidel Castro, en su larga vida de liderazgo revolucionario, desde las aulas de la Universidad de La Habana hasta la muerte del Che en La Higuera, pasando por el encumbramiento de convertirse en un líder revolucionario respetado por los revolucionarios de casi todo el mundo, tuvo la habilidad y la destreza de ir aniquilando física y moralmente, a todos los adversarios o discrepantes que osaron poner en duda su poder y su credibilidad revolucionaria o simplemente competir con él.

Veamos algunos ejemplos solamente, pues la lista de eliminados por Fidel Castro es demasiada larga y, con los casos que vamos a citar, quedará muy claro para el lector, que el comandante en jefe cubano no ha soportado nunca disidencias ni discrepantes, aunque esta conlleve el nombre del Che Guevara:

El primero en la lista de los sacrificados lo informa el periódico *Hoy*, órgano oficial del antiguo Partido Socialista Popular de Cuba (partido comunista de la época) cuando publica con fecha 26 de febrero de 1948, con abundancia de detalles precisos sobre la formulación de cargos a Fidel Castro y a otros acusados, por el asesinato del líder universitario de la Universidad de La Habana, Manolo Castro.

Manolo Castro, fue un dirigente universitario intachable, que pasa a ser la primera víctima de Fidel Castro y su grupo de amigos. En el fondo, por sus ambiciones políticas absolutistas, Fidel no soportaba la imagen carismática y querida por muchos de Manolo Castro en los predios de la Universidad de La Habana.

Al final de este proceso judicial se comprobó que, aunque no fue Fidel Castro el que disparó a Manolo Castro para asesinarlo, si fue alguno de su grupo de amigos universitarios.

También al grupo de Fidel Castro se le acusa del asesinato del sargento de la policía universitaria, Oscar Fernández Caral, unas semanas antes del asesinato a Manolo Castro.

Esa era la época que Fidel Castro se vinculó a los grupos irregulares de revolucionarios habaneros, algunos con un perfil gansteril muy claramente definido en la historia cubana.

En 1959, muy reciente el triunfo revolucionario, Fidel Castro ordena el encarcelamiento y la condena a veinte años de prisión de uno de sus lugartenientes más respetados de la Sierra Maestra, el comandante Huber Matos.

El motivo de la condena a prisión a Matos fue porque este le envió una carta de renuncia a Fidel denunciando los peligros comunistas que se cernían sobre la Revolución cubana.

El 12 de octubre de 1960 Fidel Castro ordena el fusilamiento del comandante revolucionario Porfirio Remberto Ramírez, presidente de la Federación Estudiantil Universitaria de la Universidad de Las Villas, por oponerse al giro comunista de la revolución cubana de 1959.

En ese mismo año de 1960, Fidel Castro ordena la condena a prisión política, por un simple intento de abandonar el país, del dirigente obrero David Salvador, primer Secretario General de la Confederación de Trabajadores de Cuba en los primeros años de la revolución y el máximo dirigente sindical del Movimiento 26 de Julio.

El 17 de abril de 1961 Fidel Castro ordena los fusilamientos de los dirigentes de la Universidad de La Habana, Virgilio Campanería Ángel y Alberto Tapia Ruano, por oponerse a sus intentos de desviar la revolución cubana hacia el comunismo.

El 20 de abril de 1961 Fidel Castro ordena el fusilamiento del comandante Humberto Sorí Marín, Ministro de Agricultura y artífice de la Ley de Reforma Agraria en 1959, por actividades revolucionarias en contra de que la revolución cubana tomara el sorpresivo viraje hacia el comunismo.

Conjuntamente con Sorí Marín fueron fusilados los conocidos revolucionarios cubanos Eufemio Fernández, Rogelio Fernández Corso, alias Francisco, Manuel Puig y Rafael Díaz Hanscom, que se oponían también a que el proceso revolucionario cubano girara hacia el comunismo marxista.

El 11 de marzo de 1961, Fidel Castro ordena el fusilamiento de Alexander (William) Morgan, militar estadounidense que participó en la Revolución Cubana.

Fidel lo llamaba el «Comandante Yankee» y había sido calificado de «Héroe de la Revolución Cubana» en 1959.

En el mes de mayo de 1961 Fidel Castro ordena el fusilamiento en Santiago de Cuba del capitán del Ejército Rebelde, Fernando Valle Galindo, uno de los hombres de confianza de David Salvador, el líder sindical del Movimiento 26 de Julio.

El 13 de marzo de 1963, Fidel Castro ordenó el fusilamiento del revolucionario Ricardo Olmedo, que en 1957 había participado en el ataque al Palacio Presidencial para ejecutar al dictador Fulgencio Batista.

El 25 de mayo de 1972, muere el líder universitario, Pedro Luis Boitell, miembro del Movimiento 26 de Julio. Fidel había ordenado semanas antes que lo dejaran morir de inanición, en virtud de que se encontraba en una prolongada huelga de hambre de más de 7 semanas en protesta por los maltratos en la prisión política.

El 13 de julio de 1989, Fidel Castro ordena el fusilamiento del general Arnaldo Ochoa, el oficial de más prestigio dentro de las Fuerzas Armadas Revolucionarias cubanas, por una supuesta vinculación con el narcotráfico y el tráfico de esmeraldas.

Sin embargo, los más cercanos colaboradores de Ochoa aseguran que la orden de Fidel Castro se debió a la vinculación de este general con las reformas de apertura de Mijail Gorbachev en la Unión Soviética.

Conjuntamente con el general Ochoa fueron fusilados el coronel Antonio de La Guardia, más los capitanes Jorge Martínez y Amado Padrón, todos revolucionarios muy cercanos al círculo militar del general Arnaldo Ochoa.

En la madrugada del 13 de julio de 1994, Fidel Castro ordena a cuatro barcos equipados con mangueras de agua el hundimiento del Remolcador 13 de marzo, que huía de Cuba con 72 personas a bordo, dejando un saldo de 41 personas muertas, de los cuales 10 eran niños.

Algunos analistas del acontecer cubano consideran que este es uno de los actos más denigrantes y genocidas de Fidel Castro durante su más de medio siglo en el poder.

El 11 de abril del 2003, Fidel Castro ordena al fusilamiento de tres jóvenes de la raza negra, Bárbaro Leodan, Lorenzo Copello Castillo y Jorge Luis Martínez Isaac, por el simple hecho de intentar abandonar el país.

Aquí dejamos esta lista inconclusa, pues no es el objetivo del libro relatar los cientos de fusilados, encarcelados y eliminados que corrieron este triste destino y que muestra el inmenso parecido de la personalidad de Fidel Castro con la ejecutoria del dictador Iósif Stalin en la Unión Soviética.

Claro, que la muerte del Che Guevara no fue ante un paredón de fusilamiento ni tras un largo presidio, pero pudo haber concluido con este operativo muy secretamente planeado por Fidel Castro, con el beneplácito de la Unión Soviética, para eliminar de una vez por todas al incómodo guerrillero argentino.

¿Se pueden vincular estos eslabones de complicidad con Fidel Castro? Al menos esa es la opinión de Benigno, uno de los principales lugartenientes del Che, cuando expresó con un realismo singular, su opinión de que «Fidel tenía necesidad de deshacerse del Che».

Según Benigno, Fidel Castro no lo quería vivo, pues presentaba retos concretos muy incómodos para él. Lo prefería muerto, porque entre otras consideraciones, el Che ya lo opacaba como un revolucionario transparente que no transigía con el poderío soviético, por muy poderoso que este fuese.

Por eso el abandono y la muerte de Guevara puede parecer un minucioso plan sin escapatoria. Así pensaba

Benigno, porque todos los eslabones lo llevaron a esta tenebrosa conclusión que Fidel Castro lo quería muerto o desaparecido para congraciarse con los soviéticos, que odiaban a Guevara por su trotskismo militante.

A esto se suma que los soviéticos hicieron todo lo humanamente posible por lograr el descalabro del Che Guevara en Bolivia, que al fin alcanzaron con la colaboración de Mario Monje y el Partido Comunista boliviano.

Claro, por su inteligencia y astucia, a Fidel le quedaba la carta que jugó magistralmente, de usar la memoria del Che en su favor propagandístico. Así lo ha hecho, a pesar de estos eslabones del abandono que hemos mostrado.

Si revisamos el *Diario del Che*, la constante más comprometedora del abandono la repite el Che con frecuencia estremecedora y acusatoria casi todos los meses, «seguimos sin contacto con Manila (Fidel)».

*El Diario del Che en Bolivia* es el gran fiscal contra Fidel Castro, no hacen falta subterfugios ni especulaciones ni inventivas. El documento está a la mano de todos. Léanlo.

El Che Guevara muere en un momento crucial de la historia contemporánea. Los jóvenes de todo el mundo, estudiantes y obreros se solidarizan y agitan por la Primavera de Praga. Las protestas por un mundo mejor recorrían todas las ciudades importantes del planeta.

La música de los Beatles se convierte en el ritmo juvenil de liberación por todos los rincones del mundo. La revolución sexual alza sus aspiraciones de una mayor libertad de género. La década de los 60 deja una aspiración cultural contagiosa de la cual, todavía quedan rasgos vivos y perdurables.

La muerte del Che se insertó adecuadamente en esas aspiraciones de juventud por el mundo, mientras Fidel Castro en Cuba, perseguía con saña a los homosexuales, encarcelaba a los seguidores de John Lenon, se solidarizaba con la invasión soviética a Checoslovaquia y consolidaba un régimen represor en la isla cubana, sólo superado por Iósif Stalin en el país de los soviets[10].

El Che Guevara sigue siendo hoy un ícono en el mundo, al margen de sus durezas de odios innecesarias en la Fortaleza de la Cabaña en La Habana a principios de la Revolución Cubana y por otros lares, porque culturalmente se insertó en esa ola de expresión de rebeldía de las juventudes de la década de 1960.

Por eso, algunos como Benigno y otros creen que Fidel Castro ordenó el abandono del Che en Bolivia y preparó maliciosamente su incursión anterior al Congo en 1964, que estuvo a punto de costarle la vida al guerrillero argentino.

Fidel Castro tenía necesidad de deshacerse del Che, porque no soportaba su sombra, su prestigio, su honradez intelectual y su liderazgo internacional entre las juventudes, como lo denunció con coraje, Benigno, uno de los lugartenientes más fieles del Che.

De la misma forma que Fidel Castro encarceló a Huber Matos, uno de los comandantes de más prestigio de la Sierra Maestra; martirizó en la prisión política a Rafael del Pino, su mejor amigo de la juventud, hasta provocar su suicidio; fusiló a Arnaldo Ochoa, su general más respetado por su coraje y profesionalidad, por un supuesto contrabando de diamantes y de drogas; y a tantos otros, en 1967 en La Higuera, decepcionado y abandonado, le tocó su turno al Che Guevara.

Saque cada uno de los lectores su propia conclusión, pero los elementos de la presente investigación histó-

---

10 Figes, Orlando, «The Whisperers», prívate life in Stalin's Rusia, Picador, 2008

rica son lo suficiente convincentes y fuertes para despejar cualquier duda.

Llamativo que el último pensamiento del Che Guevara en las montañas de Bolivia, no fuera para Fidel Castro ni para la Revolución Cubana, sino para la imagen misericordiosa de Jesús de Nazaret. Por eso se despide con un poema a Cristo.

Concluimos este libro con el sugerente poema de León Felipe, dedicado a la figura de Jesús de Nazaret, que el Che reescribió en sus últimos días u horas de vida, según relata uno de sus biógrafos más eminentes, el escritor argentino Pacho O'Donnell.

Este poema, de acuerdo a O'Donnell, fue encontrado en su mochila de guerrillero, una vez muerto:

> *Cristo, te amo,*
> *no porque bajaste de una estrella,*
> *sino porque me revelaste*
> *que el hombre tiene lágrimas,*
> *congojas.*

¡Vaya documento revelador escogido por el Che para despedirse!

## Capítulo 7

Citas y documentos

RELACIÓN DE DOCUMENTOS

1) Discurso del Che en la Conferencia Afroasiática Argel (1965).
2) Discurso del Che en la ONU (1964).
3) Carta de despedida del Che a Fidel.
4) Poema del Che dedicado a su esposa Aleida March.
5) Poema del Che dedicado a Jesús de Nazareth (reescrito de un poema del poeta León Felipe).
6) Cuento del Che dedicado a su madre Celia, La Piedrita.
7) Nota del Che en el Congo sobre la muerte de su madre Celia.
8) Memorándum del Director de la CIA

1.- DISCURSO DEL CHE GUEVARA EN LA CONFERENCIA AFROASIÁTICA EN ARGELIA (24 DE FEBRERO DE 1965).

Discurso pronunciado en el Segundo Seminario Económico de Solidaridad Afroasiática.

Queridos hermanos:
Cuba llega a esta Conferencia a elevar por sí sola la voz de los pueblos de América Latina y, como en otras oportunidades lo recalcáramos, también lo hace en su condición de país subdesarrollado que, al mismo tiempo, construye el socialismo. No es por casualidad que a nuestra representación se le permite emitir su opinión en el círculo de los pueblos de Asia y de África. Una aspiración común, la derrota del imperialismo, nos une en nuestra marcha hacia el futuro; un pasado común de lucha contra el mismo enemigo nos ha unido a lo largo del camino.

Esta es una asamblea de los pueblos en lucha; ella se desarrolla en dos frentes de igual importancia y exige el total de nuestros esfuerzos. La lucha contra el imperialismo por librarse de las trabas coloniales o neocoloniales, que se lleva a efecto a través de las armas políticas, de las armas de fuego o por combinaciones de ambas, no está desligada de la lucha contra el atraso y la pobreza; ambas son etapas de un mismo camino que conduce a la creación de una sociedad nueva, rica y justa a la vez. Es imperioso obtener el poder político y liquidar a las clases opresoras, pero, después hay que afrontar la segunda etapa de la lucha que adquiere características, si cabe, más difíciles que la anterior.

Desde que los capitales monopolistas se apoderaron del mundo, han mantenido en la pobreza a la mayoría de la humanidad repartiéndose las ganancias entre el grupo de países más fuertes. El nivel de vida de esos países está basado en la miseria de los nuestros; para elevar el nivel de vida de los pueblos subdesarrollados, hay que luchar, pues, contra el imperialismo. Y cada vez que un país se desgaja del árbol imperialista, se está ganando no solamente una batalla parcial contra el enemigo fundamental, sino también contribuyendo a su real debilitamiento y dando un paso hacia la victoria definitiva.

No hay fronteras en esta lucha a muerte, no podemos permanecer indiferentes frente a lo que ocurre en cualquier parte del mundo, una victoria de cualquier país sobre el imperialismo es una victoria nuestra, así como la derrota de una nación cualquiera es una derrota para todos. El ejercicio del internacionalismo proletario es no sólo un deber de los pueblos que luchan por asegurar un futuro mejor; además, es una necesidad insoslayable. Si el enemigo imperialista, norteamericano o cualquier otro, desarrolla su acción contra los pueblos subdesarrollados y los países socialistas, una lógica elemental determina la necesidad de la alianza de los pueblos subdesarrollados y de los países socialistas; si no hubiera ningún otro factor de unión, el enemigo común debiera constituirlo.

Claro que estas uniones no se pueden hacer espontáneamente, sin discusiones, sin que anteceda un pacto, doloroso a veces.

Cada vez que se libera un país, dijimos, es una derrota del sistema imperialista mundial, pero debemos convenir en que el desgajamiento no sucede por el mero hecho de proclamarse una independencia o lograrse una victoria por las armas en una revolución; sucede cuando el dominio económico imperialista cesa de ejercerse sobre un pueblo. Por lo tanto, a los países socialistas les interesa como cosa vital que se produzcan efectivamente estos desgajamientos y es nuestro deber internacional, el deber fijado por la ideología que nos dirige, el contribuir con nuestros esfuerzos a que la liberación se haga lo más rápida y profundamente que sea posible.

De todo esto debe extraerse una conclusión: el desarrollo de los países que empiezan ahora el camino de la liberación, debe costar a los países socialistas. Lo decimos así, sin el menor ánimo de chantaje o de espectacularidad, ni para la búsqueda fácil de una aproximación mayor al conjunto de los pueblos afroasiáticos; es una convicción profunda.

No puede existir socialismo si en las conciencias no se opera un cambio que provoque una nueva actitud fraternal frente a la humanidad, tanto de índole individual, en la sociedad en la que se construye o está construido el socialismo, como de índole mundial en relación a todos los pueblos que sufren la opresión imperialista.

Creemos que con este espíritu debe afrontarse la responsabilidad de ayuda a los países dependientes y que no debe hablarse más de desarrollar un comercio de beneficio mutuo basado en los precios que la ley del valor y las relaciones internacionales del intercambio desigual, producto de la ley del valor, oponen a los países atrasados.

¿Cómo puede significar «beneficio mutuo» vender a precios del mercado mundial las materias primas que cuestan sudor y sufrimientos sin límites a los países atrasados y comprar a precios de mercado mundial las máquinas producidas en las grandes fábricas automatizadas del presente?

Si establecemos ese tipo de relación entre los dos grupos de naciones, debemos convenir en que los países socialistas son, en cierta manera, cómplices de la explotación imperial. Se puede argüir que el monto del intercambio con los países subdesarrollados, constituye una parte insignificante del comercio exterior de estos países. Es una gran verdad, pero no elimina el carácter inmoral del cambio.

Los países socialistas tienen el deber moral de liquidar su complicidad tácita con los países explotadores del Occidente. El hecho de que sea hoy pequeño el comercio no quiere decir nada: Cuba en el año 50 vendía ocasionalmente azúcar a algún país del bloque socialista, sobre todo a través de corredores ingleses o de otra nacionalidad. Y hoy el 80% de su comercio se desarrolla en esa área; todos sus abastecimientos vitales vienen del campo socialista y de hecho ha ingresado en ese campo. No podemos decir que este ingreso se haya producido por el mero aumento del comercio, ni que haya aumentado el comercio por el hecho de romper la viejas estructuras y encarar la forma socialista de desarrollo; ambos extremos se tocan y unos y otros se interrelacionan.

Nosotros no empezamos la carrera que terminará en el comunismo con todos los pasos previstos, como producto lógico de un desarrollo ideológico que marchara con un fin determinado; las verdades del socialismo, más las crudas verdades del imperialismo, fueron forjando a nuestro pueblo y enseñándole el camino que luego hemos adoptado conscientemente. Los pueblos de África y de Asia que vayan a su liberación definitiva deberán emprender esa misma ruta; la emprenderán más tarde o más temprano, aunque su socialismo tome hoy cualquier adjetivo definitorio. No hay otra definición de socialismo, válida para nosotros, que la abolición de la explotación del hombre por el hombre. Mientras esto no se produzca, se está en el período de construcción de la sociedad socialista y si en vez de producirse este fenómeno, la tarea de la supresión de la explotación se estanca o, aun, se retrocede en ella, no es válido hablar siquiera de construcción del socialismo.

Tenemos que preparar las condiciones para que nuestros hermanos entren directa y conscientemente en la ruta de la abolición definitiva de la explotación, pero no podemos invitarlos a entrar, si nosotros somos un cómplice en esa explotación. Si nos preguntaran cuáles son los métodos para fijar precios equitativos, no podríamos contestar, no conocemos la magnitud práctica de esta cuestión, solo sabemos que, después de discusiones políticas, la Unión Soviética y Cuba han firmado acuerdos ventajosos para nosotros mediante los cuales llegaremos a vender hasta cinco millones de toneladas a precios fijos superiores a los normales en el llamado mercado libre mundial azucarero. La República Popular China también mantiene esos precios de compra.

Esto es solo un antecedente, la tarea real consiste en fijar los precios que permitan el desarrollo. Un gran cambio de concepción consistirá en cambiar el orden de las relaciones internacionales; no debe ser el comercio exterior el que fije la política sino, por el contrario, aquel debe estar subordinado a una política fraternal hacia los pueblos.

Analizaremos brevemente el problema de los créditos a largo plazo para desarrollar industrias básicas. Frecuentemente nos encontramos con que los países beneficiarios se aprestan a fundar bases industriales desproporcionadas a su capacidad actual, cuyos productos no se consumirán en el territorio y cuyas reservas se comprometerán en el esfuerzo.

Nuestro razonamiento es que las inversiones de los estados socialistas en su propio territorio pesan directamente sobre el presupuesto estatal y no se recuperan sino a través de la utilización de los productos en el proceso completo de su elaboración, hasta llegar a los últimos extremos de la manufactura. Nuestra proposición es que se piense en la posibilidad de realizar inversiones de ese tipo en los países subdesarrollados.

De esta manera se podría poner en movimiento una fuerza inmensa, subyacente en nuestros continentes que han sido miserablemente explotados, pero nunca ayudados en su desarrollo, y empezar una nueva etapa de auténtica división internacional del trabajo basada, no en la historia de lo que hasta hoy se ha hecho, sino en la historia futura de lo que se puede hacer.

Los estados en cuyos territorios se emplazarán las nuevas inversiones tendrían todos los derechos inherentes a una propiedad soberana sobre los mismos sin que mediare pago o crédito alguno, quedando obligados los poseedores a suministrar determinadas cantidades de productos a los países inversionistas, durante determinada cantidad de años y a un precio determinado.

Es digna de estudiar también la forma de financiar la parte local de los gastos en que debe incurrir un país que realice inversiones de este tipo. Una forma de ayuda, que no signifique erogaciones en divisas libremente convertibles, podría ser el suministro de productos de fácil venta a los gobiernos de los países subdesarrollados, mediante créditos a largo plazo.

Otro de los difíciles problemas a resolver es el de la conquista de la técnica. Es bien conocido de todos la carencia de técnicos que sufrimos los países en desarrollo. Faltan instituciones y cuadros de enseñanza. Faltan a veces, la real conciencia de nuestras necesidades y la decisión de llevar a cabo una política de desarrollo técnico cultural e ideológico a la que se asigne una primera prioridad.

Los países socialistas deben suministrar la ayuda para formar los organismos de educación técnica, insistir en la importancia capital de este hecho y suministrar los cuadros que suplan la carencia actual. Es preciso insistir más sobre este último punto: los técnicos que vienen a nuestros países deben ser ejemplares. Son compañeros que deberán enfrentarse a un medio desconocido, muchas veces hostil a la técnica, que habla una lengua distinta y tiene hábitos totalmente diferentes. Los técnicos que se enfrenten a la difícil tarea deben ser, ante todo, comunistas, en el sentido más profundo y noble de la palabra: con esa sola cualidad, más un mínimo de organización y de flexibilidad, se harán maravillas.

Sabemos que se puede lograr porque los países hermanos nos han enviado cierto número de técnicos que han hecho más por el desarrollo de nuestro país que diez institutos y han contribuido a nuestra amistad más que diez embajadores o cien recepciones diplomáticas.

Si se pudiera llegar a una efectiva realización de los puntos que hemos anotado y, además, se pusiera al alcance de los países subdesarrollados toda la tecnología de los países adelantados, sin utilizar los métodos actuales de patentes que cubren descubrimientos de unos u otros, habríamos progresado mucho en nuestra tarea común.

El imperialismo ha sido derrotado en muchas batallas parciales. Pero es una fuerza considerable en el mundo y no se puede aspirar a su derrota definitiva sino con el esfuerzo y el sacrificio de todos.

Sin embargo, el conjunto de medidas propuestas no se puede realizar unilateralmente. El desarrollo de los subdesarrollados debe costar a los países socialistas; de acuerdo, pero también deben ponerse en tensión las fuerzas de los países subdesarrollados y tomar firmemente la ruta de la construcción de una sociedad nueva —póngasele el nombre que se le ponga— donde la máquina, instrumento de trabajo, no sea instrumento de explotación del hombre por el hombre. Tampoco se puede pretender la confianza de los países socialistas cuando se juega al balance entre capitalismo y socialismo y se trata de utilizar ambas fuerzas como elementos contrapuestos, para sacar de esa competencia determinadas ventajas. Una nueva política de absoluta seriedad debe regir las relaciones entre los dos grupos de sociedades. Es conveniente recalcar una vez más, que los medios de producción deben estar preferentemente en manos del Estado, para que vayan desapareciendo gradualmente los signos de la explotación.

Por otra parte, no se puede abandonar el desarrollo a la improvisación más absoluta; hay que planificar la construcción de la nueva sociedad. La planificación es una de las leyes del socialismo y sin ella no existiría aquel. Sin una planificación correcta no puede existir una suficiente garantía de que todos los sectores económicos de cualquier país se liguen armoniosamente para dar los saltos hacia delante que demanda esta época que estamos viviendo. La planificación no es un problema aislado de cada uno de nuestros países, pequeños, distorsionados en su desarrollo, poseedores de algunas materias primas, o productores de algunos productos manufacturados o semimanufacturados, carentes de la mayoría de los otros. Ésta deberá tender desde el primer momento, a cierta regionalidad para poder compenetrar las economías de los países y llegar así a una integración sobre la base de un auténtico beneficio mutuo.

Creemos que el camino actual está lleno de peligros, peligros que no son inventados ni previstos para un lejano futuro por alguna mente superior, son el resultado palpable de realidades que nos azotan. La lucha contra el colonialismo ha alcanzado sus etapas finales pero en la era actual, el estatus colonial no es sino una consecuencia de la dominación imperialista. Mientras el imperialismo exista, por definición, ejercerá su dominación sobre otros países; esa dominación se llama hoy neocolonialismo.

El neocolonialismo se desarrolló primero en Suramérica, en todo un continente, y hoy empieza a hacerse notar con intensidad creciente en África y Asia. Su forma de penetración y desarrollo tiene características distintas; una, es la brutal que conocimos en el Congo. La fuerza bruta, sin consideraciones ni tapujos de ninguna especie, es su arma extrema. Hay otra más sutil: la penetración en los países que se liberan políticamente, la ligazón con las nacientes burguesías autóctonas, el desarrollo de una clase burguesa parasitaria y en estrecha alianza con los intereses metropolitanos apoyados en un cierto bienestar o desarrollo transitorio del nivel de vida de los pueblos, debido a que, en países muy atrasados, el paso simple de las relaciones feudales a las relaciones capitalistas significa un avance grande, independientemente de las consecuencias nefastas que acarreen a la larga para los trabajadores.

El neocolonialismo ha mostrado sus garras en el Congo; ese no es un signo de poder sino de debilidad; ha debido recurrir a su arma extrema, la fuerza como argumento económico, lo que engendra reacciones opuestas de gran intensidad. Pero también se ejerce en otra serie de países de África y del Asia en forma mucho más sutil y se está rápidamente creando lo que algunos han llamado la suramericanización de estos continentes, es decir, el desarrollo de una burguesía parasitaria que no agrega nada a la riqueza nacional que, incluso, deposita fuera del país en los bancos capitalistas sus ingentes ganancias mal habidas y que pacta con el extranjero para obtener más beneficios, con un desprecio absoluto por el bienestar de su pueblo.

Hay otros peligros también, como el de la concurrencia entre países hermanos, amigos políticamente y a veces vecinos, que están tratando de desarrollar las mismas inversiones en el mismo tiempo y para mercados que muchas veces no lo admiten.

Esta concurrencia tiene el defecto de gastar energías que podrían utilizarse de forma de una complementación económica mucho más vasta, además de permitir el juego de los monopolios imperialistas.

En ocasiones, frente a la imposibilidad real de realizar determinada inversión con la ayuda del campo socialista, se realiza ésta mediante acuerdos con los capitalistas. Y esas inversiones capitalistas tienen no solo el defecto de la forma en que se realizan los préstamos, sino también otros complementarios de mucha importancia, como es el establecimiento de sociedades mixtas con un peligroso vecino. Como, en general, las inversiones son paralelas a las de otros estados, esto propende a las divisiones entre países amigos por diferencias económicas e instaura el peligro de la corrupción emanada de la presencia constante del capitalismo, hábil en la presentación de imágenes de desarrollo y bienestar que nublan el entendimiento de mucha gente.

Tiempo después, la caída de los precios en los mercados es la consecuencia de una saturación de producción similar. Los países afectados se ven en la obligación de pedir nuevos préstamos o permitir inversiones complementarias para la concurrencia. La caída de la economía en manos de los monopolios y un retorno lento pero seguro al pasado es la consecuencia final de una tal política. A nuestro entender, la única forma segura de realizar inversiones con la participación de las potencias imperialistas es la participación directa del estado como comprador íntegro de los bienes, limitando la acción imperialista a los contratos de suministros y no dejándolos entrar más allá de la puerta de calle de nuestra casa. Y aquí sí es lícito aprovechar las contradicciones interimperialistas para conseguir condiciones menos onerosas.

Hay que prestar atención a las «desinteresadas» ayudas económicas, culturales, etc., que el imperialismo otorga de por sí o a través de estados títeres mejor recibidos en ciertas partes del mundo.

Si todos los peligros apuntados no se ven a tiempo, el camino neocolonial puede inaugurarse en países que han empezado con fe y entusiasmo su tarea de liberación nacional, estableciéndose la dominación de los monopolios con sutileza, en una graduación tal que es muy difícil percibir sus efectos hasta que éstos se hacen sentir brutalmente.

Hay toda una tarea por realizar, problemas inmensos se plantean a nuestros dos mundos, el de los países socialistas y este llamado el Tercer Mundo; problemas que están directamente relacionados con el hombre y su bienestar y con la lucha contra el principal culpable de nuestro atraso.

Frente a ellos, todos los países y los pueblos, conscientes de sus deberes, de los peligros que entraña la situación, de los sacrificios que entraña el desarrollo, debemos tomar medidas concretas para que nuestra amistad se ligue en los dos planos, el económico y el político, que nunca pueden marchar separados, y formar un gran bloque compacto que a su vez ayude a nuevos países a liberarse no solo del poder político sino también del poder económico imperialista.

El aspecto de la liberación por las armas de un poder político opresor debe tratarse según las reglas del internacionalismo proletario: si constituye un absurdo al pensar que un director de empresa de un país socialista en guerra vaya a dudar en enviar los tanques que produce a un frente donde no haya garantía de pago, no menos absurdo debe parecer el que se averigüe la posibilidad de pago de un pueblo que lucha por la liberación o ya necesite esas armas para defender su libertad. Las armas no pueden ser mercancía en nuestros mundos, deben entregarse sin costo alguno y en las cantidades necesarias y posibles a los pueblos que las demandan, para disparar contra el enemigo común. Ese es el espíritu con que la URSS y la República Popular China nos han brindado su ayuda militar. Somos socialistas, constituimos una garantía de utilización de esas armas, pero no somos los únicos y todos debemos tener el mismo tratamiento.

El ominoso ataque del imperialismo norteamericano contra Vietnam o el Congo debe responderse suministrando a esos países hermanos todos los instrumentos de defensa que necesiten y dándoles toda nuestra solidaridad sin condición alguna.

En el aspecto económico, necesitamos vencer el camino del desarrollo con la técnica más avanzada posible. No podemos ponernos a seguir la larga escala ascendente de la humanidad desde el feudalismo hasta la era atómica y automática, porque sería un camino de ingentes sacrificios y parcialmente inútil. La técnica hay que tomarla donde esté; hay que dar el gran salto técnico para ir disminuyendo la diferencia que hoy existe entre los países más desarrollados y nosotros. Ésta debe estar en las grandes fábricas y también en una agricultura convenientemente desarrollada y, sobre todo, debe tener sus pilares en una cultura técnica e ideológica con la suficiente fuerza y base de masas como para permitir la nutrición continua de los institutos y los aparatos de investigación que hay que crear en cada país y de los hombres que vayan ejerciendo la técnica actual y que sean capaces de adaptarse a las nuevas técnicas adquiridas.

Estos cuadros deben tener una clara conciencia de su deber para con la sociedad en la cual viven; no podrá haber una cultura técnica adecuada si no está complementada con una cultura ideológica. Y, en la mayoría de nuestros países, no podrá haber una base suficiente de desarrollo industrial, que es el que determina el desarrollo de la sociedad moderna, si no se empieza por asegurar al pueblo la comida necesaria, los bienes de consumo más imprescindibles y una educación adecuada.

Hay que gastar una buena parte del ingreso nacional en las inversiones llamadas improductivas de la educación y hay que dar una atención preferente al desarrollo de la productividad agrícola. Ésta ha alcanzado niveles realmente increíbles en muchos países capitalistas, provocando el contrasentido de crisis de superproducción de invasión de granos y otros productos alimenticios o de materias primas industriales provenientes de países desarrollados, cuando hay todo un mundo que padece hambre y que tiene tierra y hombres suficientes para producir varias veces lo que el mundo entero necesita para nutrirse.

La agricultura debe ser considerada como un pilar fundamental en el desarrollo y, para ello, los cambios de la estructura agrícola y la adaptación a las nuevas posibilidades de la técnica y a las nuevas obligaciones de la eliminación de la explotación del hombre, deben constituir aspectos fundamentales del trabajo.

Antes de tomar determinaciones costosas que pudieran ocasionar daños irreparables, es preciso hacer una prospección cuidadosa del territorio nacional, constituyendo este aspecto uno de los pasos preliminares de la investigación económica y exigencia elemental en una correcta planificación.

Apoyamos calurosamente la proposición de Argelia en el sentido de institucionalizar nuestras relaciones. Queremos solamente presentar algunas consideraciones complementarias.

Primero: Para que la unión sea instrumento de la lucha contra el imperialismo, es preciso el concurso de los pueblos latinoamericanos y la alianza de los países socialistas.

Segundo: Debe velarse por el carácter revolucionario de la unión, impidiendo el acceso a ella de gobiernos o movimientos que no estén identificados con las aspiraciones generales de los pueblos y creando mecanismos que permitan la separación de alguno que se separe de la ruta justa, sea gobierno o movimiento popular.

Tercero: Debe propugnarse el establecimiento de nuevas relaciones en pie de igualdad entre nuestros países y los capitalistas, estableciendo una jurisprudencia revolucionaria que nos ampare en caso de conflicto y dé nuevo contenido a las relaciones entre nosotros y el resto del mundo.

Hablamos un lenguaje revolucionario y luchamos honestamente por el triunfo de esa causa, pero muchas veces nos enredamos nosotros mismos en las mallas de un derecho internacional creado como resultado de las confrontaciones de las potencias imperialistas y no por la lucha de los pueblos libres, y de los pueblos justos.

Nuestros pueblos, por ejemplo, sufren la presión angustiosa de bases extranjeras emplazadas en su territorio o deben llevar el pesado fardo de deudas externas de increíble magnitud. La historia de estas taras es bien conocida de todos; gobiernos títeres, gobiernos debilitados por una larga lucha de liberación o el desarrollo de las leyes capitalistas del mercado, han permitido la firma de acuerdos que amenazan nuestra estabilidad interna y comprometen nuestro porvenir. Es la hora de sacudirnos el yugo, imponer la renegociación de las deudas externas opresivas y obligar a los imperialistas a abandonar sus bases de agresión.

No quisiera acabar estas palabras, esta repetición de conceptos de todos ustedes conocidos, sin hacer un llamado de atención a este seminario en el sentido de que Cuba no es el único país americano; simplemente, es el que tiene la oportunidad de hablar hoy ante ustedes; que otros pueblos están derramando su sangre, para lograr el derecho que nosotros tenemos y, desde aquí, y de todas las conferencias y en todos los lugares, donde se produzcan, simultáneamente con el saludo a los pueblos heroicos de Vietnam, de Laos, de la Guinea llamada Portuguesa, de Suráfrica o Palestina, a todos los países explotados que luchan por su emancipación debemos extender nuestra voz amiga, nuestra mano y nuestro aliento, a los pueblos hermanos de Venezuela, de Guatemala y de Colombia, que hoy, con las manos armadas, están diciendo definitivamente, ¡No!, al enemigo imperialista.

Y hay pocos escenarios para afirmarlo tan simbólicos como Argel, una de las más heroicas capitales de la libertad. Que el magnífico pueblo argelino, entrenado como pocos en los sufrimientos de la independencia, bajo la decidida dirección de su partido, con nuestro querido compañero Ahmed Ben Bella a la cabeza, nos sirva de inspiración en esta lucha sin cuartel contra el imperialismo mundial.

## 2.- DISCURSO DEL CHE GUEVARA EN LA ONU (DICIEMBRE 11, 1964)

Discurso pronunciado por el Comandante Ernesto Che Guevara como representante de la República de Cuba en la Asamblea General de las Naciones Unidas
11 de diciembre de 1964

Señor Presidente, Señores Delegados:
La representación de Cuba ante esta Asamblea se complace en cumplir, en primer término, el agradable

deber de saludar la incorporación de tres nuevas naciones al importante número de las que aquí discuten problemas del mundo. Saludamos, pues, en las personas de su Presidente y Primeros Ministros, a los pueblos de Zambia, Malawi y Malta y hacemos votos porque estos países se incorporen desde el primer momento al grupo de naciones no alineadas que luchan contra el imperialismo, el colonialismo y el neocolonialismo.

Hacemos llegar también nuestra felicitación al Presidente de esta Asamblea, cuya exaltación a tan alto cargo tiene singular significación, pues ella refleja esta nueva etapa histórica de resonantes triunfos para los pueblos de África, hasta ayer sometidos al sistema colonial del imperialismo y que hoy, en su inmensa mayoría, en el ejercicio legítimo de su libre determinación, se han constituido en Estados soberanos. Ya ha sonado la hora postrera del colonialismo y millones de habitantes de África, Asia y América Latina se levantan al encuentro de una nueva vida e imponen su irrestricto derecho a la autodeterminación y el desarrollo independiente de sus naciones. Le deseamos, Señor Presidente, el mayor de los éxitos en la tarea que le fuera encomendada por los países miembros.

Cuba viene a fijar su posición sobre los puntos más importantes de controversia y lo hará con todo el sentido de la responsabilidad que entraña el hacer uso de esta tribuna, pero, al mismo tiempo, respondiendo al deber insoslayable de hablar con toda claridad y franqueza.

Quisiéramos ver desperezarse a esta Asamblea y marchar hacia adelante, que las Comisiones comenzaran su trabajo y que éste no se detuviera en la primera confrontación. El imperialismo quiere convertir esta reunión en un vano torneo oratorio en vez de resolver los graves problemas del mundo; debemos impedírselo.

Esta Asamblea no debiera recordarse en el futuro sólo por el número XIX que la identifica. A lograr ese fin van encaminados nuestros esfuerzos.

Nos sentimos con el derecho y la obligación de hacerlo debido a que nuestro país es uno de los puntos constantes de fricción, uno de los lugares donde los principios que sustentan los derechos de los países pequeños a su soberanía están sometidos a prueba día a día, y minuto a minuto y, al mismo tiempo, una de las trincheras de la libertad del mundo situada a pocos pasos de imperialismo norteamericano para mostrar con su acción, con su ejemplo diario, que los pueblos sí pueden liberarse y sí pueden mantenerse libres en las actuales condiciones de la humanidad. Desde luego, ahora existe un campo socialista cada día más fuerte y con armas de contención más poderosas. Pero se requieren condiciones adicionales para la supervivencia: mantener la cohesión interna, tener fe en los propios destinos y decisión irrenunciable de luchar hasta la muerte en defensa del país y de la revolución. En Cuba se dan esas condiciones, Señores Delegados.

De todos los problemas candentes que deben tratarse en esta Asamblea, uno de los que para nosotros tiene particular significación y cuya definición creemos debe hacerse en forma que no deje dudas a nadie, es el de la coexistencia pacífica entre Estados de diferentes regímenes económico-sociales. Mucho se ha avanzado en el mundo en este campo; pero el imperialismo —norteamericano sobre todo— ha pretendido hacer creer que la coexistencia pacífica es de uso exclusivo de las grandes potencias de la tierra. Nosotros expresamos aquí lo mismo que nuestro Presidente expresara en El Cairo y lo que después quedara plasmado en la declaración de la Segunda Conferencia de Jefes de Estado o de Gobierno de países No Alineados: que no puede haber coexistencia pacífica entre poderosos solamente, si se pretende asegurar la paz del mundo. La coexistencia pacífica debe ejercitarse entre todos los Estados, independientemente de su tamaño, de las anteriores relaciones históricas que los ligara y de los problemas que se suscitaren entre algunos de ellos, en un momento dado.

Actualmente, el tipo de coexistencia pacífica a que nosotros aspiramos no se cumple en multitud de casos. El reino de Camboya, simplemente por mantener una actitud neutral y no plegarse a las maquinaciones del imperialismo norteamericano se ha visto sujeto a toda clase de ataques alevosos y brutales partiendo de las bases que los yanquis tienen en Vietnam del Sur. Laos, país dividido, ha sido objeto también de agresiones imperialistas de todo tipo, su pueblo masacrado desde el aire, las convenciones que se firmaran en Ginebra han sido violadas y parte del territorio está en constante peligro de ser atacado a mansalva por las fuerzas imperialistas. La República Democrática de Vietnam, que sabe de todas estas historias de agresiones como pocos pueblos en la tierra, ha visto una vez más violadas sus fronteras, ha visto como aviones de bombardeo y cazas enemigos disparaban contra sus instalaciones; como los barcos de guerra norteamericanos, violando aguas territoriales, atacaban sus puesto navales. En estos instantes, sobre la República Democrática de Vietnam pesa la amenaza de que los guerreristas norteamericanos extiendan abiertamente sobre su territorio y su pueblo la guerra que, desde hace varios años, están llevando a cabo contra el pueblo de Vietnam del Sur. La Unión Soviética y la República Popular China, han hecho advertencias serias a los Estados Unidos. Estamos frente a un caso en el cual la paz del mundo está en peligro, pero, además, la vida de millones de seres de toda esta zona del

Asia está constantemente amenazada, dependiendo de los caprichos del invasor norteamericano.

La coexistencia pacífica también se ha puesto a prueba en una forma brutal en Chipre debido a presiones del gobierno turco y de la OTAN, obligando a una heroica y enérgica defensa de su soberanía hecha por el pueblo de Chipre y su gobierno.

En todos estos lugares del mundo, el imperialismo trata de imponer su versión de lo que debe ser la coexistencia; son los pueblos oprimidos, en alianza con el campo socialista, los que le deben enseñar cuál es la verdadera, y es obligación de las Naciones Unidas apoyarlos.

También hay que esclarecer que no solamente en relaciones en las cuales están imputados Estados soberanos, los conceptos sobre la coexistencia pacífica deben ser bien definidos. Como marxistas, hemos mantenido que la coexistencia pacífica ente naciones no engloba la coexistencia entre explotadores y explotados, entre opresores y oprimidos. Es, además, un principio proclamado en el seno de esta Organización, el derecho a la plena independencia contra todas las formas de opresión colonial. Por eso, expresamos nuestra solidaridad hacia los pueblos, hoy coloniales, de la Guinea llamada portuguesa, de Angola o Mozambique, masacrados por el delito de demandar su libertad y estamos dispuestos a ayudarlos en la medida de nuestras fuerzas, de acuerdo con la declaración del Cairo.

Expresamos nuestra solidaridad al pueblo de Puerto Rico y su gran líder, Pedro Albizu Campos, el que, en un acto más de hipocresía, ha sido dejado en libertad a la edad de 72 años, sin habla casi, paralítico después de haber pasado en la cárcel toda una vida. Albizu Campos es un símbolo de la América todavía irredenta pero indómita. Años y años de prisiones, presiones casi insoportables en la cárcel, torturas mentales, la soledad, el aislamiento total de su pueblo y de su familia, la insolencia del conquistador y de sus lacayos en la tierra que le vio nacer; nada dobló su voluntad. La Delegación de Cuba rinde, en nombre de su pueblo, homenaje de admiración y gratitud a un patriota que dignifica a nuestra América.

Los norteamericanos han pretendido durante años convertir a Puerto Rico en un espejo de cultura híbrida; habla española con inflexiones en inglés, habla española con bisagras en el lomo para inclinarlo ante el soldado yanqui. Soldados portorriqueños han sido empleados como carne de cañón en guerras del imperio, como en Corea, y hasta para disparar contra sus propios hermanos, como es la masacre perpetrada por el ejército norteamericano, hace algunos meses, contra el pueblo inerme de Panamá —una de las más recientes fechorías del imperialismo yanqui—.

Sin embargo, a pesar de esa tremenda violentación de su voluntad y su destino histórico, el pueblo de Puerto Rico ha conservado su cultura, su carácter latino, sus sentimientos nacionales, que muestran por sí mismos la implacable vocación de independencia yacente en las masas de la isla latinoamericana.

También debemos advertir que el principio de la coexistencia pacífica no entraña el derecho a burlar la voluntad de los pueblos, como ocurre en el caso de la Guayana llamada británica, en que el gobierno del Primer Ministro Cheddy Jagan ha sido víctima de toda clase de presiones y maniobras y se ha ido dilatando el instante de otorgarle la independencia, en la búsqueda de métodos que permitan burlar los deseos populares y asegurar la docilidad de un gobierno distinto al actual colocado allí por turbios manejos, para entonces otorgar una libertad castrada a este pedazo de tierra americana.

Cualesquiera que sean los caminos que la Guayana se vea obligada a seguir para obtenerla, hacia su pueblo va el apoyo moral y militante de Cuba.

Debemos señalar, asimismo, que las islas de Guadalupe y Martinica están luchando por su autonomía desde hace tiempo, sin lograrla, y ese estado de cosas no debe seguir.

Una vez más elevamos nuestra voz para alertar al mundo sobre lo que está ocurriendo en Sur África; la brutal política del «Apartheid» se aplica ante los ojos de las naciones del mundo. Los pueblos de África se ven obligados a soportar que en ese continente todavía se oficialice la superioridad de una raza sobre otra, que se asesine impunemente en nombre de esa superioridad racial. ¿Las Naciones Unidas no harán nada para impedirlo?

Quería referirme específicamente al doloroso caso del Congo, único en la historia del mundo moderno, que muestra cómo se pueden burlar con la más absoluta impunidad, con el cinismo más insolente, el derecho de los pueblos. Las ingentes riquezas que tiene el Congo y que las naciones imperialistas quieren mantener bajo su control son los motivos directos de todo esto. En la intervención que hubiera de hacer, a raíz de su primera visita a las Naciones Unidas, el compañero Fidel Castro advertía que todo el problema de la coexistencia entre las naciones se reducía al problema de la apropiación indebida de riquezas ajenas, y hacía la advocación siguiente: «cese la filosofía del despojo y cesará la filosofía de la guerra.» Pero la filosofía del despojo no sólo no ha cesado, sino que se mantiene más fuerte que nunca y, por eso, los mismos que utilizaron el nombre de las Naciones Unidas para perpetrar el asesinato de Lumumba, hoy, en nombre de la defensa de la raza blanca, asesinan a millares de congoleños.

¿Cómo es posible que olvidemos la forma en que fue traicionada la esperanza que Patricio Lumumba puso en las Naciones Unidas? ¿Cómo es posible que olvidemos los rejuegos y maniobras que sucedieron a la ocupación de ese país por las tropas de las Naciones Unidas, bajo cuyos auspicios actuaron impunemente los asesinos del gran patriota africano?

¿Cómo podremos olvidar, Señores Delegados, que quien desacató la autoridad de las Naciones Unidas en el Congo, y no precisamente por razones patrióticas, sino en virtud de pugnas entre imperialistas, fue Moisé Tshombe, que inició la secesión de Katanga con el apoyo belga?

¿Y cómo justificar, cómo explicar que, al final de toda la acción de las Naciones Unidas, Tshombe, desalojado de Katanga, regrese dueño y señor del Congo? ¿Quién podría negar el triste papel que los imperialistas obligaron a jugar a la Organización de Naciones Unidas?

En resumen se hicieron aparatosas movilizaciones para evitar la escisión de Katanga, y hoy Katanga está en el poder, las riquezas del Congo en manos imperialistas... y los gastos deben pagarlos las naciones dignas. ¡Qué buen negocio hacen los mercaderes de la guerra! Por eso, el gobierno de Cuba apoya la justa actitud de la Unión Soviética, al negarse a pagar los gastos del crimen.

Para colmo de escarnio, nos arrojan ahora al rostro estas últimas acciones que han llenado de indignación al mundo.

¿Quiénes son los autores? Paracaidistas belgas, transportados por aviones norteamericanos que partieron de bases inglesas. Nos recordamos que ayer, casi, veíamos a un pequeño país de Europa, trabajador y civilizado, el reino de Bélgica, invadido por las hordas hitlerianas; amargaba nuestra conciencia el saber de ese pequeño pueblo masacrado por el imperialismo germano y lo veíamos con cariño. Pero esta otra cara de la moneda imperialista era la que muchos no percibíamos.

Quizás hijos de patriotas belgas que murieran por defender la libertad de su país, son los que asesinaran a mansalva a millares de congoleños en nombre de la raza blanca, así como ellos sufrieron la bota germana porque su contenido de sangre aria no era suficientemente elevado.

Nuestros ojos libres se abren hoy a nuevos horizontes y son capaces de ver lo que ayer nuestra condición de esclavos coloniales nos impedía observar; que la «civilización occidental» esconde bajo su vistosa fachada un cuadro de hienas y chacales. Porque nada más que ese nombre merecen los que han ido a cumplir tan «humanitarias» tareas al Congo. Animal carnicero que se ceba en los pueblos inermes; eso es lo que hace el imperialismo con el hombre, eso es lo que distingue al «blanco» imperial.

Todos los hombres libres del mundo deben aprestarse a vengar el crimen del Congo.

Quizás muchos de aquellos soldados, convertidos en subhombres por la maquinaria imperialista, piensen de buena fe que están defendiendo los derechos de una raza superior; pero en esta Asamblea son mayoritarios los pueblos que tienen sus pieles tostadas por distintos soles, coloreadas por distintos pigmentos, y han llegado a comprender plenamente que la diferencia entre los hombres no está dada por el color de la piel, sino por las formas de propiedad de los medios de producción, por las relaciones de producción.

La delegación cubana hace llegar su saludo a los pueblos de Rhodesia del Sur y África Suroccidental, oprimidos por minorías de colonos blancos. A Basutolandia, Bechuania y Swazilandia, a la Somalia francesa, al pueblo árabe de Palestina, a Adén y los protectorados, a

Omán y a todos los pueblos en conflicto con el imperialismo o el colonialismo y les reitera su apoyo. Formula además votos por una justa solución al conflicto que la hermana República de Indonesia encara con Malasia.

Señor Presidente: uno de los temas fundamentales de esta Conferencia es el del desarme general y completo. Expresamos nuestro acuerdo con el desarme general y completo; propugnamos además, la destrucción total de los artefactos termonucleares y apoyamos la celebración de una conferencia de todos los países del mundo para llevar a cabo estas aspiraciones de los pueblos. Nuestro Primer Ministro advertía, en su intervención ante esta Asamblea, que siempre las carreras armamentistas han llevado a la guerra. Hay nuevas potencias atómicas en el mundo; las posibilidades de una confrontación crecen.

Nosotros consideramos que es necesaria esta conferencia con el objetivo de lograr la destrucción total de las armas termonucleares y, como primera medida, la prohibición total de las pruebas. Al mismo tiempo, debe establecerse claramente la obligación de todos los países de respetar las actuales fronteras de otros estados; de no ejercer acción agresiva alguna, aun cuando sea con armas convencionales.

Al unirnos a la voz de todos los países del mundo que piden el desarme general y completo, la destrucción de todo el arsenal atómico, el cese absoluto de la fabricación de nuevos artefactos termonucleares y las pruebas atómicas de cualquier tipo, creemos necesario puntualizar que, además, debe también respetarse la integridad territorial de las naciones y debe detenerse el brazo armado del imperialismo, no menos peligroso porque solamente empuñe armas convencionales. Quienes asesinaron miles de indefensos ciudadanos del Congo, no se sirvieron del arma atómica; han sido armas convencionales, empuñadas por el imperialismo, las causantes de tanta muerte.

Aun cuando las medidas aquí preconizadas, de hacerse efectivas, harían inútil la mención, es conveniente recalcar que no podemos adherirnos a ningún pacto regional de desnuclearización mientras Estados Unidos mantenga bases agresivas en nuestro propio territorio, en Puerto Rico, Panamá, y otros estados americanos donde se considera con derecho a emplazar, sin restricción alguna, tanto armas convencionales que nucleares. Descontando que las últimas resoluciones de la OEA, contra nuestro país, al que se podría agredir invocando el Tratado de Río, hace necesaria la posesión de todos los medios defensivos a nuestro alcance.

Creemos que, si la conferencia de que hablábamos lograra todos esos objetivos, cosa difícil, desgraciadamente, sería la más trascendental en la historia de la humanidad. Para asegurar esto sería preciso contar con la presencia de la República Popular China, y de ahí el hecho obligado de la realización de una reunión de ese tipo. Pero sería mucho más sencillo para los pueblos del mundo reconocer la verdad innegable de que existe la República Popular China, cuyos gobernantes son representantes únicos de su pueblo y darle el asiento a ella destinado, actualmente usurpado por la camarilla que con apoyo norteamericano mantiene en su poder la provincia de Taiwán.

El problema de la representación de China en las Naciones Unidas no puede considerarse en modo alguno como el caso de un nuevo ingreso en la Organización sino de restaurar los legítimos derecho de la República Popular China.

Debemos repudiar enérgicamente el complot de las «dos Chinas». La camarilla chiangkaishekista de Taiwán no puede permanecer en la Organización de las

Naciones Unidas. Se trata, repetimos, de expulsar al usurpador e instalar al legítimo representante del pueblo chino.

Advertimos además contra la insistencia del Gobierno de los Estados Unidos en presentar el problema de la legítima representación de China en la ONU como una «cuestión importante» al objeto de imponer el quórum extraordinario de votación de las dos terceras partes de los miembros presentes y votantes.

El ingreso de la República Popular China al seno de las Naciones Unidas es realmente una cuestión importante para el mundo en su totalidad, pero no para el mecanismo de las Naciones Unidas donde debe constituir una mera cuestión de procedimiento. De esta forma se haría justicia, pero casi tan importante como hacer justicia quedaría, además, demostrado de una vez que esta augusta asamblea tiene ojos para ver, oídos para oír, lengua propia para hablar, criterio certero para elaborar decisiones.

La difusión de armas atómicas entre los países de la OTAN y, particularmente la posesión de estos artefactos de destrucción en masa por la República Federal Alemana, alejarían más aún la posibilidad de un acuerdo sobre el desarme, y unido a estos acuerdos va el problema de la reunificación pacífica de Alemania. Mientras no se logre un entendimiento claro, debe reconocerse la existencia de dos Alemanias, la República Democrática Alemana y la República Federal. El problema alemán no puede arreglarse si no es con la participación directa en las negociaciones de la República Democrática Alemana, con plenos derechos.

Tocaremos solamente los temas sobre desarrollo económico y comercio internacional que tienen amplia representación en la agenda. En este mismo año del 64 se celebró la Conferencia de Ginebra donde se trataron multitud de puntos relacionados con estos aspectos de las relaciones internacionales. Las advertencias y predicciones de nuestra delegación se han visto confirmadas plenamente, para desgracia de los países económicamente dependientes.

Sólo queremos dejar señalado que, en lo que a Cuba respecta, los Estados Unidos de América no han cumplido recomendaciones explícitas de esa Conferencia y, recientemente, el Gobierno norteamericano prohibió también la venta de medicinas a Cuba, quitándose definitivamente la máscara de humanitarismo con que pretendió ocultar el carácter agresivo que tiene el bloqueo contra el pueblo de Cuba.

Por otra parte, expresamos una vez más que las lacras coloniales que detienen el desarrollo de los pueblos no se expresan solamente en relaciones de índole política: el llamado deterioro de los términos de intercambio no es otra cosa que el resultado del intercambio desigual entre países productores de materia prima y países industriales que dominan los mercados e imponen la aparente justicia de un intercambio igual de valores.

Mientras los pueblos económicamente dependientes no se liberen de los mercados capitalistas y, en firme bloque con los países socialistas, impongan nuestras relaciones entre explotadores y explotados, no habrá desarrollo económico sólido, y se retrocederá, en ciertas ocasiones volviendo a caer los países débiles bajo el domino político de los imperialistas y colonialistas.

Por último, Señores Delegados, hay que establecer claramente que se están realizando en el área del Caribe maniobras y preparativos para agredir a Cuba. En las costas de Nicaragua sobre todo, en Costa Rica también, en la zona del Canal de Panamá, en las Islas Vieques de Puerto Rico, en la Florida; probablemente, en otros puntos del territorio de los Estados Unidos y, quizás, también en Honduras, se están entrenando mercenarios cubanos y de otras nacionalidades con algún fin que no debe ser el más pacífico.

Después de un sonado escándalo, el Gobierno de Costa Rica, se afirma, ha ordenado la liquidación de todos los campos de adiestramiento de cubanos exiliados en ese país. Nadie sabe si esa actitud es sincera o si constituye una simple coartada, debido a que los mercenarios entrenados allí estén a punto de cometer alguna fechoría. Esperamos que se tome clara conciencia de la existencia real de bases de agresión, lo que hemos denunciado desde hace tiempo, y se medite sobre la responsabilidad internacional que tiene el gobierno de un país que autoriza y facilita el entrenamiento de mercenarios para atacar a Cuba.

Es de hacer notar que las noticias sobre el entrenamiento de mercenarios en distintos puntos del Caribe y la participación que tiene en tales actos el Gobierno norteamericano se dan con toda naturalidad en los periódicos de los Estados Unidos. No sabemos de ninguna voz latinoamericana que haya protestado oficialmente por ello. Esto nos muestra el cinismo con que manejan los Estados Unidos a sus peones. Los sutiles Cancilleres de la OEA que tuvieron ojos para ver escudos cubanos y encontrar pruebas «irrefutables» en las armas yanquis exhibidas en Venezuela, no ven los preparativos de agresión que se muestran en los Estados Unidos, como no oyeron la voz del presidente Kennedy que se declaraba explícitamente agresor de Cuba en Playa Girón.

En algunos casos es una ceguera provocada por el odio de las clases dominantes de países latinoamericanos sobre nuestra Revolución; en otros, más tristes aún, es producto de los deslumbrantes resplandores de Mammon.

Como es de todos conocido, después de la tremenda conmoción llamada crisis del Caribe, los Estados Unidos contrajeron con la Unión Soviética determinados compromisos que culminaron en la retirada de cierto tipo de armas que las continuas agresiones de aquel país —como el ataque mercenario de Playa Girón y las amenazas de invadir nuestra patria— nos obligaron a emplazar en Cuba en acto de legítima e irrenunciable defensa.

Pretendieron los norteamericanos, además, que las Naciones Unidas inspeccionaran nuestro territorio, a lo que nos negamos enfáticamente, ya que Cuba no reconoce el derecho de los Estados Unidos, ni de nadie en el mundo, a determinar el tipo de armas que pueda tener dentro de sus fronteras.

En este sentido, sólo acataríamos acuerdos multilaterales, con iguales obligaciones para todas las partes.

Como ha dicho Fidel Castro: «Mientras el concepto de soberanía exista como prerrogativa de las naciones y de los pueblos independientes; como derecho de todos los pueblos, nosotros no aceptamos la exclusión de nuestro pueblo de ese derecho. Mientras el mundo se rija por esos principios, mientras el mundo se rija por esos conceptos que tengan validez universal, porque son universalmente aceptados y consagrados por los pueblos, nosotros no aceptaremos que se nos prive de ninguno de esos derechos, nosotros no renunciaremos a ninguno de esos derechos».

El señor Secretario General de las Naciones Unidas, U. Thant, entendió nuestras razones. Sin embargo, los Estados Unidos pretendieron establecer una nueva prerrogativa arbitraria e ilegal: la de violar el espacio aéreo de cualquier país pequeño. Así han estado surcando el aire de nuestra patria aviones U-2 y otros tipos de aparatos espías que, con toda impunidad, navegan en nuestro espacio aéreo. Hemos hecho todas las advertencias necesarias para que cesen las violaciones aéreas, así como las provocaciones que los marinos yanquis hacen contra nuestras postas de vigilancia en la zona de Guantánamo, los vuelos rasantes de aviones sobre buques nuestros o de otras nacionalidades en aguas internacionales, los ataques piratas a barcos de distintas banderas y las infiltraciones de espías, saboteadores y armas en nuestra isla.

Nosotros queremos construir el socialismo; nos hemos declarado partidarios de los que luchan por la paz; nos hemos declarado dentro del grupo de países no alineados, a pesar de ser marxistas leninistas, porque los no alineados, como nosotros, luchan contra el imperialismo. Queremos paz, queremos construir una vida mejor para nuestro pueblo y, por eso, eludimos al máximo caer en las provocaciones maquinadas por los yanquis, pero conocemos la mentalidad de sus gobernantes; quieren hacernos pagar muy caro el precio de esa paz. Nosotros contestamos que ese precio no puede llegar más allá de las fronteras de la dignidad.

Y Cuba reafirma, una vez más, el derecho a tener en su territorio la armas que le conviniere y su negativa a reconocer el derecho de ninguna potencia de la tierra, por potente que sea, a violar nuestro suelo, aguas jurisdiccionales o espacio aéreo.

Si en alguna asamblea Cuba adquiere obligaciones de carácter colectivo, las cumplirá fielmente; mientras esto no suceda, mantiene plenamente todos sus derechos, igual que cualquier otra nación.

Ante las exigencias del imperialismo, nuestro Primer Ministro planteó los cinco puntos necesarios para que existiera una sólida paz en el Caribe. Estos son:

Primero: Cese del bloqueo económico y de todas las medidas de presión comercial y económica que ejercen los Estados Unidos en todas partes del mundo contra nuestro país.

Segundo: Cese de todas las actividades subversivas, lanzamiento y desembarco de armas y explosivos por aire y mar, organización de invasiones mercenarias, filtración de espías y saboteadores, acciones todas que se llevan a cabo desde el territorio de los Estados Unidos y de algunos países cómplices.

Tercero: Cese de los ataques piratas que se llevan a cabo desde bases existentes en los Estados Unidos y en Puerto Rico.

Cuarto: Cese de todas las violaciones de nuestro espacio aéreo y naval por aviones y navíos de guerra norteamericanos.

Quinto: Retirada de la Base Naval de Guantánamo y devolución del territorio cubano ocupado por los Estados Unidos.» No se ha cumplido ninguna de estas exigencias elementales, y desde la Base Naval de Guantánamo, continúa el hostigamiento de nuestras fuerzas. Dicha Base se ha convertido en guarida de malhechores y catapulta de introducción de éstos en nuestro territorio.

Cansaríamos a esta Asamblea si hiciéramos un relato medianamente detallado de la multitud de provocaciones de todo tipo. Baste decir que el número de ellas, incluidos los primeros días de este mes de diciembre, alcanza la cifra de 1.323, solamente en 1964.

La lista abarca provocaciones menores, como violación de la línea divisoria, lanzamiento de objetos desde territorio controlado por los norteamericanos, realización de actos de exhibicionismo sexual por norteamericanos de ambos sexos, ofensas de palabra; otros de carácter más grave como disparos de armas de pequeño calibre, manipulación de armas apuntando a nuestro territorio y ofensas a nuestra enseña nacional; provocaciones gravísimas son: el cruce de la línea divisoria provocando incendios en instalaciones del lado cubano y disparos con fusiles, hecho repetido 78 veces durante el año, con el saldo doloroso de la muerte del soldado Ramón López Peña, de resultas de dos disparos efectuados por las postas norteamericanas situadas a 3,5 kilómetros de la costa por el límite noroeste. Esta gravísima provocación fue hecha a las 19:07, del día 19 de julio de 1964, y el Primer Ministro de nuestro Gobierno manifestó públicamente, el 26 de Julio, que de repetirse el hecho, se daría orden a nuestras tropas de repeler la agresión. Simultáneamente, se ordenó el retiro de las líneas de avanzada de las fuerzas cubanas hacia posiciones más alejadas de la divisoria y la construcción de casamatas adecuadas.

1.323 provocaciones en 340 días significan aproximadamente 4 diarias. Sólo un ejército perfectamente disciplinado y con la moral del nuestro puede resistir tal cúmulo de actos hostiles sin perder la ecuanimidad.

47 países reunidos en la Segunda Conferencia de Jefes de Estado o de Gobierno de países No Alineados, en El Cairo, acordaron, por unanimidad:

«La Conferencia advirtiendo con preocupación que las bases militares extranjeras constituyen, en la práctica, un medio para ejercer presión sobre las naciones, y entorpecen su emancipación y su desarrollo, según sus concepciones ideológicas, políticas, económicas y culturales, declara que apoya sin reserva a los países que tratan de lograr la supresión de las bases extranjeras establecidas en su territorio y pide a todos los Estados la inmediata evacuación de las tropas y bases que tienen en otros países.

»La Conferencia considera que el mantenimiento por los Estados Unidos de América de una base militar en Guantánamo (Cuba), contra la voluntad del Gobierno y del pueblo de Cuba, y contra las disposiciones de la Declaración de la Conferencia de Belgrado, constituye una violación de la soberanía y de la integridad territorial de Cuba.

»La Conferencia, considerando que el Gobierno de Cuba se declara dispuesto a resolver su litigio con el Gobierno de los Estados Unidos de América acerca de la base de Guantánamo en condiciones de igualdad, pide encarecidamente al Gobierno de los Estados Unidos que entable negociaciones con el Gobierno de Cuba para evacuar esa base.

El gobierno de los Estados Unidos no ha respondido a esa instancia de la Conferencia de El Cairo y pretende mantener indefinidamente ocupado por la fuerza un pedazo de nuestro territorio, desde el cual lleva a cabo agresiones como las detalladas anteriormente.

La Organización de Estados Americanos, también llamada por los pueblos Ministerio de las Colonias norteamericanas, nos condenó «enérgicamente», aun cuando ya antes nos había excluido de su seno, ordenando a los países miembros que rompieran relaciones diplomáticas y comerciales con Cuba. La OEA autorizó la agresión a nuestro país, en cualquier momento, con cualquier pretexto, violando las más elementales leyes internacionales e ignorando por completo a la Organización de las Naciones Unidas.

A aquella medida se opusieron con sus votos los países de Uruguay, Bolivia, Chile y México; y se opuso a cumplir la sanción, una vez aprobada, el gobierno de los Estados Unidos Mexicanos; desde entonces no tenemos relaciones con países latinoamericanos salvo con aquel Estado, cumpliéndose así una de las etapas previas de la agresión directa del imperialismo.

Queremos aclarar, una vez más, que nuestra preocupación por Latinoamérica está basada en los lazos que nos unen: la lengua que hablamos, la cultura que sustentamos, el amo común que tuvimos. Que no nos anima otra causa para desear la liberación de Latinoamérica del yugo colonial norteamericano. Si alguno de los países latinoamericanos aquí presentes decidiera restablecer relaciones con Cuba, estaríamos dispuestos a hacerlo sobre bases de igualdad y no con el criterio de que es una dádiva a nuestro gobierno el reconocimiento como país libre del mundo, porque ese reconocimiento lo obtuvimos con nuestra sangre en los días de la lucha de liberación, lo adquirimos con sangre en la defensa de nuestras playas frente a la invasión yanqui.

Aun cuando nosotros rechazamos que se nos pretenda atribuir ingerencias en los asuntos internos de otros países, no podemos negar nuestra simpatía hacia los pueblos que luchan por su liberación y debemos cumplir con la obligación de nuestro gobierno y nuestro pueblo de expresar contundentemente al mundo que apoyamos moralmente y nos solidarizamos con los pueblos que luchan en cualquier parte del mundo para hacer realidad los derechos de soberanía plena proclamados en la Carta de las Naciones Unidas.

Los Estados Unidos sí intervienen; lo han hecho históricamente en América. Cuba conoce desde fines del siglo pasado esta verdad, pero la conocen también Colombia, Venezuela, Nicaragua y la América Central en general, México, Haití, Santo Domingo.

En años recientes, además de nuestro pueblo, conocen de la agresión directa Panamá, donde los «marines» del Canal tiraron a mansalva sobre el pueblo inerme; Santo Domingo, cuyas costas fueron violadas por la flota yanqui para evitar el estallido de la justa ira popular, luego del asesinato de Trujillo; y Colombia, cuya capital fue tomada por asalto a raíz de la rebelión provocada por el asesinato de Gaitán.

Se producen intervenciones solapadas por intermedio de las misiones militares que participan en la represión interna, organizando las fuerzas destinadas a ese fin en buen número de países, y también en todos los golpes de estado, llamados «gorilazos», que tantas veces se repitieron en el continente americano durante los últimos tiempos.

Concretamente, intervienen fuerzas de los Estados Unidos en la represión de los pueblos de Venezuela, Colombia y Guatemala que luchan con las armas por su libertad. En el primero de los países nombrados, no sólo asesoran al ejército y a la policía, sino que también dirigen los genocidios efectuados desde el aire contra la población campesina de amplias regiones insurgentes y, las compañías yanquis instaladas allí, hacen presiones de todo tipo para aumentar la ingerencia directa.

Los imperialistas se preparan a reprimir a los pueblos americanos y están formando la internacional del crimen. Los Estados Unidos intervienen en América invocando la defensa de las instituciones libres. Llegará el día en que esta Asamblea adquiera aún más madurez y le demande al gobierno norteamericano garantías para la vida de la población negra y latinoamericana que vive en este país, norteamericanos de origen o adopción, la mayoría de ellos. ¿Cómo puede constituirse en gendarme de la libertad quien asesina a sus propios hijos y los discrimina diariamente por el color de la piel, quien deja en libertad a los asesinos de los negros, los protege además, y castiga a la población negra por exigir el respeto a sus legítimos derechos de hombres libres?

Comprendemos que hoy la Asamblea no está en condiciones de demandar explicaciones sobre hechos, pero debe quedar claramente sentado que el gobierno de los Estados Unidos no es gendarme de la libertad, sino perpetuador de la explotación y la opresión contra los pueblos del mundo y contra buena parte de su propio pueblo.

Al lenguaje anfibológico con que algunos delegados han dibujado el caso de Cuba y la OEA nosotros contestamos con palabras contundentes y proclamamos que los pueblos de América cobrarán a los gobiernos entreguistas su traición.

Cuba, señores delegados, libre y soberana, sin cadenas que la aten a nadie, sin inversiones extranjeras en su territorio, sin procónsules que orienten su política, puede hablar con la frente alta en esta Asamblea y demostrar la justeza de la frase con que la bautizaran: «Territorio Libre de América».

Nuestro ejemplo fructificará en el Continente como lo hace ya, en cierta medida en Guatemala, Colombia y Venezuela.

No hay enemigo pequeño ni fuerza desdeñable, porque ya no hay pueblos aislados. Como establece la Segunda Declaración de La Habana: «Ningún pueblo de América Latina es débil, porque forma parte de una familia de doscientos millones de hermanos que padecen las mismas miserias, albergan los mismos sentimientos, tienen el mismo enemigo, sueñan todos un mismo mejor destino y cuentan con la solidaridad de todos los hombres y mujeres honrados del mundo».

Esta epopeya que tenemos delante la van a escribir las masas hambrientas de indios, de campesinos sin tierra, de obreros explotados; la van a escribir las masas progresistas, los intelectuales honestos y brillantes que tanto abundan en nuestras sufridas tierras de América Latina. Lucha en masas y de ideas, epopeya que llevarán adelante nuestros pueblos maltratados y despreciados por el imperialismo, nuestros pueblos desconocidos hasta hoy, que ya empiezan a quitarle el sueño. Nos consideraban rebaño impotente y sumiso y ya se empieza a asustar de ese rebaño, rebaño gigante de doscientos millones de latinoamericanos en los que advierte ya sus sepultureros el capital monopolista yanqui.

La hora de su reivindicación, la hora que ella misma se ha elegido, la vienen señalando con precisión también de un extremo a otro del Continente. Ahora esta masa anónima, esta América de color, sombría, taciturna, que canta en todo el Continente con una misma tristeza y desengaño, ahora esta masa es la que empieza a entrar definitivamente en su propia historia, la empieza a escribir con su sangre, la empieza a sufrir y a morir, porque ahora los campos y las montañas de América, por las faldas de sus sierras, por sus llanuras y sus selvas, entre la soledad o el tráfico de las ciudades, en las costas de los grandes océanos y ríos, se empieza a estremecer este mundo lleno de corazones con los puños calientes de deseos de morir por lo suyo, de conquistar sus derechos casi quinientos años burlados por unos y por otros. Ahora sí la historia tendrá que contar con los pobres de América, con los explotados y vilipendiados, que han decidido empezar a escribir ellos mismos, para siempre, su historia. Ya se los ve por los caminos un día y otro, a pie, en marchas sin término de cientos de kilómetros, para llegar hasta los «olimpos» gobernantes a recabar sus derechos. Ya se les ve, armados de piedras, de palos, de machetes, en un lado y otro, cada día, ocupando las tierras, afincando sus garfios en las tierras que les pertenecen y defendiéndolas con sus vidas; se les ve, llevando sus cartelones, sus banderas, sus consignas; haciéndolas correr en el viento, por entre las montañas o a lo largo de los llanos. Y esa ola de estremecido rencor, de justicia reclamada, de derecho pisoteado, que se empieza a levantar por entre las tierras de Latinoamérica, esa ola ya no parará más. Esa ola irá creciendo cada día que pase. Porque esa ola la forman los más, los mayoritarios en todos los aspectos, los que acumulan con su trabajo las riquezas, crean los valores, hacen andar las ruedas de la historia y que ahora despiertan del largo sueño embrutecedor a que los sometieron.

Porque esta gran humanidad ha dicho «¡Basta!» y ha echado a andar. Y su marcha, de gigantes, ya no se detendrá hasta conquistar la verdadera independencia, por la que ya han muerto más de una vez inútilmente. Ahora, en todo caso, los que mueran, morirán como los de Cuba, los de Playa Girón, morirán por su única, verdadera e irrenunciable independencia.»

Todo eso, Señores Delegados, esta disposición nueva de un continente, de América, está plasmada y resumida en el grito que, día a día, nuestras masas proclaman como expresión irrefutable de su decisión de lucha, paralizando la mano armada del invasor. Proclama que cuenta con la comprensión y el apoyo de todos los pueblos del mundo y especialmente, del campo socialista, encabezado por la Unión Soviética.

Esa proclama es: Patria o muerte.

## *Intervención en la Asamblea General de las Naciones Unidas en el uso del derecho de réplica*

Pido disculpas por tener que ocupar por segunda vez esta tribuna. Lo hago haciendo uso del derecho de réplica. Naturalmente, aunque no estamos interesados especialmente en ello, esto que podría llamarse ahora la contrarréplica, podríamos seguir extendiéndola haciendo la contrarréplica y así hasta el infinito. Nosotros contestaremos una por una las afirmaciones de los delegados que impugnaron la intervención de Cuba, y lo hacemos en el espíritu en que cada uno de ellos lo hizo, aproximadamente. Empezaré contestando al delegado de Costa Rica, quien lamentó que Cuba se haya dejado llevar por algunos infundios de la prensa sensacionalista, y manifestó que su Gobierno tomó inmediatamente algunas medidas de inspección cuando la prensa libre de Costa Rica, muy distinta a la prensa esclava de Cuba, hizo algunas denuncias. Quizás el delegado de Costa Rica tenga razón. Nosotros no podemos hacer una afirmación absoluta basada en los reportajes que la prensa imperialista, sobre todo de los Estados Unidos, ha hecho repetidas veces a los contrarrevolucionarios cubanos. Pero si Artime fue jefe de la fracasada invasión de Playa Girón, lo fue con algún intermedio, porque fue jefe hasta llegar a las costas cubanas y sufrir las primeras caídas, volviendo a los Estados Unidos. En el intermedio, como la mayoría de los miembros de aquella «heroica expedición libertadora», fue «cocinero o sanitario», porque ésa fue la forma en que llegaron a Cuba después de estar presos, según sus declaraciones, todos los «libertadores» de Cuba. Artime, que ahora vuelve a ser jefe, se indignó contra la acusación. ¿De qué? De contrabando de whisky, porque en sus bases de Costa Rica y Nicaragua, según informó, no hay contrabando de whisky: «hay preparación de revolucionarios para liberar a Cuba.» Esas declaraciones han sido hechas a las agencias noticieras y han recorrido el mundo. En Costa Rica se ha denunciado esto repetidas veces. Patriotas costarricenses nos han informado de la existencia de esas bases en la zona de Tortugueras y zonas aledañas, y el Gobierno de Costa Rica debe saber bien si esto es verdad o no. Nosotros estamos absolutamente seguros de la certeza de estas informaciones, como también estamos seguros de que el señor Artime, entre sus múltiples ocupaciones «revolucionarias», tuvo tiempo también para contrabandear whisky, porque son cosas naturales en la clase de libertadores que el Gobierno de

Costa Rica protege, aunque sea a medias. Nosotros sostenemos, una y mil veces, que las revoluciones no se exportan. Las revoluciones nacen en el seno de los pueblos. Las revoluciones las engendran las explotaciones que los gobiernos —como el de Costa Rica, el de Nicaragua, el de Panamá o el de Venezuela— ejercen sobre sus pueblos. Después, puede ayudarse o no a los movimientos de liberación; sobre todo se les puede ayudar moralmente. Pero, la realidad es que no se pueden exportar revoluciones. Lo decimos no como una justificación ante esta Asamblea; lo decimos simplemente como la expresión de un hecho científicamente conocido desde hace muchos años. Por eso, mal haríamos en pretender exportar revoluciones y menos, naturalmente, a Costa Rica, en donde en honor a la verdad existe un régimen con el cual no tenemos absolutamente comunión de ningún tipo y que no es de los que se distinguen en América por la opresión directa indiscriminada contra su pueblo. Con respecto a Nicaragua queríamos decir a su representante, aunque no entendí bien con exactitud toda su argumentación en cuanto a los acentos —creo que se refirió a Cuba, a Argentina y quizás también a la Unión Soviética— espero en todo caso que el representante de Nicaragua no haya encontrado acento norteamericano en mi alocución porque eso sí que sería peligroso. Efectivamente, puede ser que en el acento y que utilizara al hablar se escapara algo de la Argentina. He nacido en la Argentina; no es un secreto para nadie. Soy cubano y también soy argentino y, si no se ofenden las ilustrísimas señorías de Latinoamérica, me siento tan patriota de Latinoamérica, de cualquier país de Latinoamérica, como el que más y, en el momento en que fuera necesario, estaría dispuesto a entregar mi vida por la liberación de cualquiera de los países de Latinoamérica, sin pedirle nada a nadie, sin exigir nada, sin explotar a nadie. Y así en esa disposición de ánimo, no está solamente este representante transitorio ante esta Asamblea. El pueblo de Cuba entero está con esa disposición. El pueblo de Cuba entero vibra cada vez que se comete una injusticia, no solamente en América, sino en el mundo entro. Nosotros podemos decir lo que tantas veces hemos dicho del apotegma maravilloso de Martí, de que todo hombre verdadero debe sentir en la mejilla el golpe dado a cualquier mejilla de hombre. Eso, el pueblo entero de Cuba, lo siente así, señores representantes. Por si el representante de Nicaragua quiere hacer alguna pequeña revisión de su carta geográfica o inspeccionar ocularmente lugares de difícil acceso, puede ir además de a Puerto Cabezas —de donde creo que no negará salió parte, o gran parte, o toda la expedición de Playa Girón— a Blue Fields y Monkey Point, que creo que se debería llamar Punto Mono, y que no sé por qué extraño accidente histórico, estando en Nicaragua, figura como Monkey Point. Allí podrá encontrar algunos contrarrevolucionarios o revolucionarios cubanos, como ustedes prefieren llamarles, señores representantes de Nicaragua. Los hay de todos los colores. Hay también bastantes whisky, no sé si contrabandeado o si directamente importado. Conocemos de la existencia de esas bases. Y, naturalmente, no vamos a exigir que la OEA investigue si las hay o no. Conocemos la ceguera colectiva de la OEA demasiado bien para pedir tal absurdo. Se dice que nosotros hemos reconocido tener armas atómicas. No hay tal. Creo que ha sido una pequeña equivocación del representante de Nicaragua. Nosotros solamente hemos defendido el derecho 10 a tener las armas que pudiéramos conseguir para nuestra defensa, y hemos negado el derecho de ningún país a determinar qué tipos de armas vamos a tener. El representante de Panamá, que ha tenido la gentileza de apodarme Che, como me apoda el pueblo de Cuba, empezó hablando de la Revolución mexicana. La delegación de Cuba hablaba de la masacre norteamericana contra el pueblo de Panamá, y la delegación de Panamá empieza hablando de la Revolución mexicana y siguió en este mismo estilo, sin referirse para nada a la masacre norteamericana por la que el Gobierno de Panamá rompió relaciones con los Estados Unidos. Tal vez en el lenguaje de la política entreguista, esto se llame táctica; en el lenguaje revolucionario, esto, señores, se llama abyección, con todas las letras. Se refirió a la invasión del año 1959. Un grupo de aventureros, encabezados por un barbudo de café, que nunca había estado en la Sierra Maestra y que ahora está en Miami, o en alguna base o en algún lugar, logró entusiasmar a un grupo de muchachos y realizar aquella aventura. Oficiales del Gobierno cubano trabajaron conjuntamente con el Gobierno panameño para liquidar aquello. Es verdad que salieron de puerto cubano, y también es verdad que discutimos en un plano amistoso en aquella oportunidad. De todas las intervenciones que hay aquí contra la delegación de Cuba, la que parece inexcusable en todo sentido es la intervención de la delegación de Panamá. No tuvimos la menor intención de ofenderla ni de ofender a su Gobierno. Pero también es verdad otra cosa: no tuvimos tampoco la menor intención de defender al Gobierno de Panamá. Queríamos defender al pueblo de Panamá con una denuncia ante las Naciones Unidas, ya que su Gobierno no tiene el valor, no tiene la dignidad de plantear aquí las cosas con su verdadero nombre. No quisimos ofender al Gobierno de Panamá, ni tampoco lo quisimos defender. Para el pueblo de Panamá, nuestro pueblo hermano, va nuestra simpatía y tratamos de defenderlo con nuestra denuncia. Entre las afirmaciones del representante de Panamá se encuentra una muy interesante.

Dice que, a pesar de las bravatas cubanas, todavía está allí la base. En la intervención, que estará fresca en la memoria de los representantes, tiene que reconocerse que hemos denunciado más de 1.300 provocaciones de la base de todo tipo, que van de algunas nimias hasta disparos de armas de fuego. Hemos explicado cómo no queremos caer en provocaciones, porque conocemos las consecuencias que ellas pueden traer para nuestro pueblo; hemos planteado el problemas de la base de Guantánamo en todas las conferencias internacionales y siempre hemos reclamado el derecho del pueblo de Cuba a recobrar esa base por medios pacíficos. No hemos echado nunca bravatas, porque no las echamos, señor representante de Panamá, porque los hombres como nosotros, que están dispuestos a morir, que dirigen un pueblo entero dispuesto a morir por defender su causa, nunca necesitan echar bravatas. No echamos bravatas en Playa Girón; no echamos bravatas cuando la Crisis de Octubre, cuando todo el pueblo estuvo enfrente del hongo atómico con el cual los norteamericanos amenazan a nuestra Isla, y todo el pueblo marchó a las trincheras, marchó a las fábricas, para aumentar la producción. No hubo un solo paso atrás; no hubo un solo quejido, y miles y miles de hombres que no pertenecían a nuestras milicias entraron voluntariamente a ellas en momentos en que el imperialismo norteamericano amenazaba con echar una bomba o varias bombas atómicas o un ataque atómico sobre Cuba. Ese es nuestro país. Y un país así, cuyos dirigentes y cuyo pueblo —lo puedo decir aquí con la frente muy alta— no tienen el más mínimo miedo a la muerte y conocen bien la responsabilidad de sus actos, nunca echa bravatas. Eso sí: lucha hasta la muerte, señor representante de Panamá, si es necesario, y luchará hasta la muerte, con su Gobierno, todo el pueblo de Cuba si es agredido. El señor representante de Colombia manifiesta, en todo medido —yo también tengo que cambiar el tono— que hay dos aseveraciones inexactas: una, la invasión yanqui en 1948 a raíz del asesinato de Jorge Eliecer Gaitán; y, por el tono de voz del señor representante de Colombia, se advierte que siente muchísimo aquella muerte: está profundamente apenado. Nosotros nos referimos, en nuestro discurso, a otra intervención anterior que, tal vez, el señor representante de Colombia olvidó: la intervención norteamericana sobre la segregación de Panamá. Después, manifestó que no hay tropas de liberación en Colombia, porque no hay nada que liberar. En Colombia, donde se habla con tanta naturalidad de la democracia representativa y sólo hay dos partidos políticos que se distribuyen el poder mitad y mitad durante años, de acuerdo con una democracia fantástica, la oligarquía colombiana ha llegado al súmmum de la democracia, podemos decir. Se divide en liberales y conservadores y en conservadores y liberales; cuatro años uno y cuatro años otros. Nada cambia. Esas son las democracias de elecciones; ésas son las democracias representativas que defiende, probablemente con todo entusiasmo, el señor representante de Colombia, en ese país donde se dice que hay 200.000 o 300.000 muertos a raíz de la guerra civil que incendiara a Colombia después de la muerte de Gaitán. Y, sin embargo, se dice que no hay nada que liberar. No habrá nada que vengar, tampoco; no habrá miles de muertos que vengar; no habrá habido ejércitos masacrando pueblos y no será ese mismo ejército el que masacra el pueblo desde el año 1948. Lo que está ahí lo han cambiado algo, o sus generales son distintos, o sus mandos son distintos u obedecen a otra clase distinta de la que masacró al pueblo durante cuatro años de una larga lucha y lo siguió masacrando intermitentemente durante varios años más. Y se dice que no hay que liberar nada. ¿No recuerda el señor representante de Colombia que en Marquetalia hay fuerzas a las cuales los 11 propios periódicos colombianos han llamado «la República Independiente de Marquetalia» y a uno de cuyos dirigentes se le ha puesto el apodo de Tiro Fijo para tratar de convertirlo en un vulgar bandolero? ¿Y no sabe que allí se hizo una gran operación por parte de 16.000 hombres del ejército colombiano, asesorados por militares norteamericanos, y con la utilización de una serie de elementos, como helicópteros y, probablemente —aunque no puedo asegurarlo— con aviones, también del ejército norteamericano? Parece que el señor representante de Colombia tiene mala información por estar alejado de su país o su memoria es un poco deficiente. Además, el señor representante de Colombia manifestó con toda soltura que si Cuba hubiera seguido en la órbita de los estados americanos otra cosa sería. Nosotros no sabemos bien a qué se referirá con esto de la órbita; pero órbita tienen los satélites y nosotros no somos satélites. No estamos en ninguna órbita; estamos fuera de órbita. Naturalmente que si hubiéramos hecho aquí un melifluo discurso de algunas cuartillas en un español naturalmente mucho más fino, mucho más sustancioso y adjetivado, y hubiéramos hablado de las bellezas del sistema interamericano y de nuestra defensa firme, inconmovible, del mundo libre dirigido por el centro de la órbita que todos ustedes saben quién es. No necesito nombrarlo. El señor representante de Venezuela también empleó un tono moderado, aunque enfático. Manifestó que son infames las acusaciones de genocidio y que realmente era increíble que el Gobierno cubano se ocupara de estas cosas de Venezuela existiendo tal represión contra su pueblo. Nosotros tenemos que decir aquí lo que es una verdad conocida, que la hemos expresado siempre ante el mundo: fusilamientos, sí, hemos fusilado; fusilamos y seguiremos fusilando mientras sea necesario. Nuestra lucha es una lucha a muerte. Nosotros sabemos cuál sería el resultado de una batalla perdida y también tienen que saber los gusanos cuál es el resultado de la batalla perdida hoy en Cuba. En esas condiciones nosotros vivimos por la imposición del imperialismo norteamericano. Pero, eso sí: asesinatos no cometemos, como está cometiendo ahora en estos momentos, la policía venezolana que creo recibe el nombre de Digepol, si no estoy mal informado. Esa policía ha cometido una serie de actos de barbarie, de fusilamientos, es decir, asesinatos y después ha tirado los cadáveres en algunos lugares. Esto ha ocurrido contra la persona, por ejemplo, de estudiantes, etcétera. La prensa libre de Venezuela fue suspendida varias veces en estos últimos tiempos por dar una serie de datos de este tipo. Los aviones militares venezolanos, con la asesoría yanqui, sí, bombardean zonas extensas de campesinos, matan campesinos; sí, crece la rebelión popular en Venezuela, y sí, veremos el resultado después de algún tiempo. El señor representante de Venezuela está indignado. Yo recuerdo la indignación de los señores representantes de Venezuela cuando la delegación cubana en Punta del Este leyó los informes secretos que los voceros de los Estados Unidos de América tuvieron a bien hacernos llegar en una forma indirecta, naturalmente. En aquel momento leímos ante la asamblea de Punta del Este la opinión que tenían los señores representantes de los Estados Unidos del Gobierno venezolano. Anunciaban algo interesantísimo que —perdonen la inexactitud porque no puedo citar ahora textualmente— podría ser más o menos así: «O esta gente cambia o aquí todos van a ir al paredón.» El paredón es la forma en que se pretende definir la Revolución Cubana; el paredón de fusilamiento. Los miembros de la embajada norteamericana anunciaban, en documentos irrefutables, que ése era el destino de la oligarquía venezolana si no cambiaba sus métodos, y así se le acusaba de latrocinio y, en fin, se le hacían toda una serie de terribles acusaciones de ese orden. La delegación venezolana se indignó muchísimo; naturalmente, no se indignó con los Estados Unidos; se indignó con la representación cubana que tuvo a bien leerle las opiniones que los Estados Unidos tenían de su Gobierno y, también de su pueblo. Si, la única respuesta que hubo a todo esto es que el señor Moscoso, que fue quien graciosamente cedió documentos en forma indirecta, fue cambiado de cargo. Le recordamos esto al señor representante de Venezuela porque las revoluciones no se exportan; las revoluciones actúan y la Revolución venezolana actuará en su momento, y los que no tengan avión listo —como hubo en Cuba— para huir hacia Miami o hacia otros lugares, tendrán que afrontar allí lo que el pueblo venezolano decida. No echen culpas a otros pueblos, a otros gobiernos, de lo que pueda suceder allí. Quiero recomendar al señor representante de Venezuela, que, si tiene interés, lea algunas interesantísimas opiniones sobre lo que es la guerra guerrillera y cómo combatirla, que algunos de los elementos más inteligentes del COPEI han escrito y publicado en la prensa de su país... Verá que no es con bombas y asesinatos como se puede combatir a un pueblo en armas. Precisamente, esto es lo que hace más revolucionarios a los pueblos. Lo conocemos bien. Está mal que a un enemigo declarado le hagamos el favor de mostrarle la estrategia contraguerrillera, pero lo hacemos porque sabemos que su ceguera es tanta que no la seguirá. Queda el señor Stevenson. Lamentablemente no está aquí presente. Comprendemos perfectamente bien que el señor Stevenson no esté presente. 12 Hemos escuchado, una vez más, sus declaraciones medulares y serias, dignas de un intelectual de su categoría. Declaraciones iguales, enfáticas, medulares y serias fueron hechas en la primera comisión, el 15 de abril de 1961, durante la sesión 1.149, precisamente, el día en que aviones piratas norteamericanos con insignias cubanas —que salieron de Puerto Cabezas, según creo recordar, de Nicaragua o tal vez de Guatemala, no está bien precisado— bombardearon los aeropuertos cubanos y casi reducen a cero nuestra fuerza aérea. Los aviones, después de realizar su «hazaña» a mansalva, aterrizan en Estados Unidos. Frente a nuestra denuncia el señor Stevenson dice cosas muy interesantes. Perdóneseme lo largo de esta intervención, pero creo que es digno recordar una vez más las frases medulares de un intelectual tan distinguido como el señor Stevenson, pronunciadas apenas cuatro o cinco días antes de que el señor Kennedy dijera tranquilamente, a la faz del mundo, que asumía toda responsabilidad de los hechos ocurridos en Cuba. Esta es, creo una simple reseña, porque dado el poco tiempo de que disponíamos no hemos podido recolectar actas precisas de cada una de las reuniones. Dicen así: «Las acusaciones formuladas contra los Estados Unidos por el representante de Cuba, con respecto a los bombardeos, que, según se informa, se han realizado contra los aeropuertos de La Habana y Santiago y sobre el cuartel general de la fuerza aérea cubana en San Antonio de los Baños, son totalmente infundadas.» Y el señor Stevenson las rechaza categóricamente. «Como lo declaró el Presidente de los Estados Unidos, las fuerzas armadas de los Estados Unidos no intervendrán en circunstancia alguna en Cuba y los Estados Unidos harán todo lo que sea posible a fin de que ningún norteamericano participe en acción alguna contra Cuba.» Un año y pico después tuvimos la gentileza de devolverle el cadáver de un piloto que cayó en tierras cubanas. No el del mayor Anderson; otro de aquella época. «En cuanto a los acontecimientos que según se dice han ocurrido esta mañana y en el día de ayer, los Estados Unidos estudiarán las peticiones de asilo político de conformidad con los procedimientos habituales.» Le iban a dar asilo político a la gente que ello habían mandado. «Quienes creen en la libertad y buscan asilo contra la tiranía y la opresión encontrarán siempre comprensión y acogida favorable de parte del pueblo norteamericano y del Gobierno de los Estados Unidos.» Así sigue el señor Stevenson su larga perorata. Dos días después, desembarcan en Playa Girón las huestes de la Brigada 2506 conocida por su heroísmo seguramente en los anales de la historia de América. Dos días después se rinde la brigada heroica sin perder casi ni un hombre y entonces empieza aquel torneo —que algunos de ustedes habrán conocido— de hombres vestidos con el uniforme de gusanos que tiene el ejército de los Estados Unidos, diciendo que eran cocineros y enfermeros o que habían venido de marineros en aquella expedición. Fue entonces cuando el presidente Kennedy tuvo un gesto digno. No pretendió mantener una falsa política que nadie creía y dijo claramente que se responsabilizaba de todo aquello que había ocurrido en Cuba. Se responsabilizó, sí; pero la Organización de Estados Americanos no lo responsabilizó ni le exigió responsabilidades de ningún tipo que nosotros recordemos. Fue una responsabilidad ante su propia historia y ante la historia de los Estados Unidos, porque la Organización de Estados Americanos estaba en la órbita. No tenía tiempo de ocuparse de estas cosas. Agradezco al señor Stevenson su referencia histórica a mi larga vida como comunista y revolucionario que culmina en Cuba. Como siempre, las agencias norteamericanas, no sólo en noticias, sino de espionaje, confunden las cosas. Mi historia de revolucionario es corta y realmente empieza en el *Granma* y sigue hasta este momento. No pertenecía al Partido Comunista hasta ahora que estoy en Cuba y podemos proclamar todos ante esta Asamblea el marxismo-leninismo que sigue como teoría de acción la Revolución cubana. Lo importante no son las referencias personales; lo importante es que el señor Stevenson una vez más dice que no hoy violación de las leyes, que los aviones no salen de aquí, como tampoco los barcos, por supuesto; que los ataques piratas surgen de la nada, que todo surge de la nada. Utiliza él la misma voz, la misma seguridad, el mismo acento de intelectual serio y firme que usara en 1961 para sostener, enfáticamente, que aquellos aviones cubanos habían salido de territorio cubano y que se trataba de exilados políticos, antes de ser desmentido. Naturalmente, me explico, una vez más, que el distinguido colega, el señor Stevenson, haya tenido a bien retirarse de esta Asamblea. Los Estados Unidos pretenden que pueden realizar los vuelos de vigilancia porque los aprobó la Organización de Estados Americanos. ¿Quién es la Organización de los Estados Americanos para aprobar vuelos de vigilancia sobre el territorio de un país? ¿Cuál es el papel que juegan las Naciones Unidas? ¿Para qué está la Organización si nuestro destino va a depender de la órbita, como tan bien ha definido el señor representante de Colombia, de la Organización de Estados Americanos? Esta es una pregunta muy seria y muy importante, que hay que hacer ante esta Asamblea. Porque nosotros, país pequeño, no podemos aceptar, de ninguna manera, el derecho de un país grande a violar nuestro espacio aéreo; muchísimo menos con la pretensión insólita de que sus actos tienen la juridicidad que le da la Organización de Estados Americanos, la que nos expulsó de su seno y con la cual no nos liga vínculo alguno. Son muy serias las afirmaciones del representante de los Estados Unidos. Quiero decir únicamente dos pequeñas cosas. No pienso ocupar todo el tiempo de la Asamblea en estas réplicas y contrarréplicas. Dice el señor representante de los Estados Unidos que Cuba echa la culpa de su desastre económico al bloqueo, cuando ése es un problema a consecuencia de la mala administración del Gobierno. Cuando nada de esto había ocurrido, cuando empezaron las primeras leyes nacionales en Cuba, los Estados Unidos comenzaron a tomar acciones económicas represivas tales como la supresión unilateral, sin distinción alguna, de la cuota de azúcar, que tradicionalmente vendíamos al mercado norteamericano. Asimismo, se negaron a refinar el petróleo que habíamos comprado a la Unión Soviética en uso de legítimo derecho y amparados en todas las leyes posibles. No repetiré la larga historia de las agresiones económicas de los Estados Unidos. Sí diré, que a pesar de esas agresiones, con la ayuda fraterna de los países socialistas, sobre todo de la Unión Soviética, nosotros hemos salido adelante y continuaremos haciéndolo; que aun cuando condenamos el bloqueo económico, él no nos detendrá y, pase lo que pase, seguiremos constituyendo un pequeño dolor de cabeza cuando lleguemos a esta Asamblea o a cualquier otra, para llamar a las cosas por su nombre y a los representantes de los Estados Unidos gendarmes de la represión en el mundo entero. Por último, sí hubo embargo de medicinas contra Cuba. Pero sin no es así, nuestro Gobierno en los próximos meses pondrá un pedido de medicinas aquí en los Estados Unidos, y le mandará un telegrama al señor Stevenson, que nuestro representante leerá en la comisión o en el lugar que sea conveniente, para que sepa bien si son o no ciertas las imputaciones que Cuba hace. En todo caso, hasta ahora lo han sido. La última vez que pretendimos comprar medicinas por valor de 1.500.000 dólares, medicinas que no se fabrican en Cuba y que son necesarias únicamente para salvar vidas, el Gobierno norteamericano intervino e impidió esa venta. Hace poco el Presidente de Bolivia le dijo a nuestros delegados, con lágrimas en los ojos, que tenía que romper con Cuba porque los Estados Unidos lo obligaban a ello. Así, despidieron de La Paz a nuestros delegados. No puedo afirmar que esa aseveración del Presidente de Bolivia fuera cierta. Lo que sí es cierto, es que nosotros le dijimos que esa transacción con el enemigo no le valdría de nada, porque ya estaba condenado. El Presidente de Bolivia, con el cual no teníamos ni tenemos ningún vínculo, con cuyo Gobierno no hicimos nada más que mantener las relaciones que se deben mantener con los pueblos de América, ha sido derrocado por un golpe militar. Ahora se ha establecido allí una Junta de Gobierno. En todo caso, para gente como ésta, que no sabe caer con dignidad, vale la pena recordar lo que le dijo, creo que la madre del último califa de Granada a su hijo, que lloraba al perder la ciudad: «Haces bien en llorar como mujer lo que no supiste defender como hombre».

3.- CARTA DE DESPEDIDA DEL CHE A FIDEL

«Año de la Agricultura»
Habana


Fidel:

Me recuerdo en esta hora de muchas cosas, de cuando te conocí en casa de María Antonia, de cuando me propusiste venir, de toda la tensión de los preparativos.

Un día pasaron preguntando a quién se debía avisar en caso de muerte y la posibilidad real del hecho nos golpeó a todos. Después supimos que era cierto, que en una revolución se triunfa o se muere (si es verdadera). Muchos compañeros quedaron a lo largo del camino hacia la victoria.

Hoy todo tiene un tono menos dramático porque somos más maduros, pero el hecho se repite. Siento que he cumplido la parte de mi deber que me ataba a la Revolución cubana en su territorio y me despido de ti, de los compañeros, de tu pueblo que ya es mío.

Hago formal renuncia de mis cargos en la Dirección del Partido, de mi puesto de Ministro, de mi grado de Comandante, de mi condición de cubano. Nada legal me ata a Cuba, sólo lazos de otra clase que no se pueden romper como los nombramientos.

Haciendo un recuento de mi vida pasada creo haber trabajado con suficiente honradez y dedicación para consolidar el triunfo revolucionario.

Mi única falta de alguna gravedad es no haber confiado más en ti desde los primeros momentos de la Sierra Maestra y no haber comprendido con suficiente celeridad tus cualidades de conductor y de revolucionario.

He vivido días magníficos y sentí a tu lado el orgullo de pertenecer a nuestro pueblo en los días luminosos y tristes de la Crisis del Caribe.

Pocas veces brilló más alto un estadista que en esos días, me enorgullezco también de haberte seguido sin vacilaciones, identificado con tu manera de pensar y de ver y apreciar los peligros y los principios.

Otras tierras del mundo reclaman el concurso de mis modestos esfuerzos. Yo puedo hacer lo que te está negado por tu responsabilidad al frente de Cuba y llegó la hora de separarnos.

Sépase que lo hago con una mezcla de alegría y dolor, aquí dejo lo más puro de mis esperanzas de constructor y lo más querido entre mis seres queridos... y dejo un pueblo que me admitió como un hijo; eso lacera una parte de mi espíritu. En los nuevos campos de batalla llevaré la fe que me inculcaste, el espíritu revolucionario de mi pueblo, la sensación de cumplir con el más sagrado de los deberes; luchar contra el imperialismo dondequiera que esté; esto reconforta y cura con creces cualquier desgarradura.

Digo una vez más que libero a Cuba de cualquier responsabilidad, salvo la que emane de su ejemplo. Que si me llega la hora definitiva bajo otros cielos, mi último pensamiento será para este pueblo y especialmente para ti. Que te doy las gracias por tus enseñanzas y tu ejemplo al que trataré de ser fiel hasta las últimas consecuencias de mis actos. Que he estado identificado siempre con la política exterior de nuestra Revolución y lo sigo estando. Que en dondequiera que me pare sentiré la responsabilidad de ser revolucionario cubano, y como tal actuaré. Que no dejo a mis hijos y mi mujer nada material y no me apena: me alegra que así sea. Que no pido nada para ellos pues el Estado les dará lo suficiente para vivir y educarse.

Tendría muchas cosas que decirte a ti y a nuestro pueblo, pero siento que son innecesarias, las palabras no pueden expresar lo que yo quisiera, y no vale la pena emborronar cuartillas.

Hasta la victoria siempre, ¡Patria o Muerte!

Te abraza con todo fervor revolucionario,

Che

## 4.- POEMA DEL CHE DEDICADO A SU ESPOSA, ALEIDA MARCH

«Contra viento y marea»

*Este poema (contra viento y marea) llevará mi firma.*
*Te doy seis sílabas sonoras,*
*Una mirada que siempre lleva (como un pájaro herido),*
*[ternura.*
*Una ansiedad de agua tibia y profunda,*
*una oficina oscura donde la única luz es la de estos versos*
*[míos,*
*un dedal muy usado para tus noches aburridas,*
*una fotografía de nuestros hijos.*
*La bala más hermosa de esta pistola que siempre me*
*[acompaña,*
*la memoria imborrable (siempre latente y profunda) de*
*[los niños*
*que, un día, tú y yo concebimos,*
*y el pedazo de vida que me resta.*

*Esto lo doy (convencido y feliz) a la Revolución.*
*Nada que pueda unirnos tendrá mayor poder.*

## 5.- POEMA DEL CHE DEDICADO A JESÚS DE NAZARET

En la mochila del Che se encontró —para sorpresa de muchos— un texto que el Che reescribió unos días antes de morir, un poema del poeta León Felipe dedicado a Cristo, que reza así:

*Cristo, te amo,*
*no porque bajaste de una estrella*

*sino porque me revelaste*
*que el hombre tiene lágrimas,*
*congojas,*
*llaves para abrir las puertas cargadas de la luz.*
*Sí..., tú me enseñaste que el hombre es Dios,*
*Un pobre Dios crucificado como tú.*
*Y aquel que está a tu izquierda en el*
*Gólgota, el mal ladrón,*
*también es un Dios.*

## 6.- CUENTO DEL CHE ESCRITO ANTE LA MUERTE DE SU MADRE CELIA

(Este es un impactante relato testimonial escrito por el Che en el Congo, posterior al anuncio que recibió vía Osmany Cienfuegos sobre la posible muerte de Celia, su madre, cuya escritura se ubica en algún momento posterior al 22 de mayo de 1965):

*La piedra*

Me lo dijo como se deben decir estas cosas a un hombre fuerte, a un responsable, y lo agradecí. No me mintió preocupación o dolor y traté de no mostrar ni lo uno ni lo otro. ¡Fue tan simple!

Además, había que esperar la confirmación para estar oficialmente triste. Me pregunté si se podía llorar un poquito. No, no debía ser, porque el jefe es impersonal; no es que se le niegue el derecho a sentir, simplemente, no debe mostrar que siente lo de él; lo de sus soldados, tal vez.

Fue un amigo de la familia, le telefonearon avisándole que estaba muy grave, pero yo salí ese día.

—Grave, ¿de muerte?
—Sí.
—No dejes de avisarme cualquier cosa.
—En cuanto lo sepa, pero no hay esperanzas. Creo.

Ya se había ido el mensajero de la muerte y no tenía confirmación. Esperar era todo lo que cabía. Con la noticia oficial decidiría si tenía derecho o no a mostrar mi tristeza. Me inclinaba a creer que no.

El sol mañanero golpeaba fuerte después de la lluvia. No había nada extraño en ello; todos los días llovía y después salía el sol y apretaba y expulsaba la humedad. Por la tarde, el arroyo sería otra vez cristalino, aunque ese día no había caído mucha agua en las montañas; estaba casi normal.

—Decían que el 20 de mayo dejaba de llover y hasta octubre no caía una gota de agua.
—Decían..., pero dicen tantas cosas que no son ciertas.

¿La naturaleza se guiará por el calendario? No me importaba si la naturaleza se guiaba o no por el calendario. En general, podía decir que no me importaba nada de nada, ni esa inactividad forzada, ni esta guerra idiota, sin objetivos. Bueno, sin objetivo no; solo que estaba tan vago, tan diluido, que parecía inalcanzable, como un infierno surrealista donde el eterno castigo fuera el tedio. Y, además, me importaba. Claro que me importaba.

Hay que encontrar la manera de romper esto, pensé. Y era fácil pensarlo; uno podía hacer mil planes, a cual más tentador, luego seleccionar los mejores, fundir dos o tres en uno, simplificarlo, verterlo al papel y entregarlo. Allí acababa todo y había que empezar de nuevo. Una burocracia más inteligente que lo normal; en vez de archivar, lo desaparecían. Mis hombres decían que se lo fumaban, todo pedazo de papel puede fumarse, si hay algo dentro. Era una ventaja, lo que no me gustara podía cambiarlo en el próximo plan. Nadie lo notaría. Parecía que eso seguiría hasta el infinito.

Tenía deseos de fumar y saqué la pipa. Estaba, como siempre, en mi bolsillo. Yo no perdía mis pipas, como los soldados. Es que era muy importante para mí tenerla. En los caminos del humo se puede remontar cualquier distancia, diría que se pueden creer los propios planes y soñar con la victoria sin que parezca un sueño; sólo una realidad vaporosa por la distancia y las brumas que hay siempre en los caminos del humo. Muy buena compañera es la pipa; ¿cómo perder una cosa tan necesaria? Qué brutos.

No eran tan brutos; tenían actividad y cansancio de actividad. No hace falta pensar entonces y ¿para qué sirve una pipa sin pensar? Pero se puede soñar. Sí, se puede soñar, pero la pipa es importante cuando se sueña a lo lejos; hacia un futuro cuyo único camino es el humo o un pasado tan lejano que hay necesidad de usar el mismo sendero. Pero los anhelos cercanos se sienten con otra parte del cuerpo, tienen pies vigorosos y vista joven; no necesitan el auxilio del humo. Ellos la perdían porque no les era imprescindible, no se pierden las cosas imprescindibles.

¿Tendría algo más de ese tipo? El pañuelo de gasa. Eso era distinto; me lo dio ella por si me herían en un brazo, sería un cabestrillo amoroso. La dificultad estaba en usarlo si me partían el carapacho. En realidad había una solución fácil, que me lo pusiera en la cabeza para aguantarme la quijada y me iría con él a la tumba. Leal hasta en la muerte. Si quedaba tendido en un monte o me recogían los otros no habría pañuelito de gasa; me descompondría entre las hierbas o me exhibirían y tal vez saldría en el Life con una mirada agónica y desesperada fija en el instante del supremo miedo. Porque se tiene miedo, a qué negarlo.

Por el humo, anduve mis viejos caminos y llegué a los rincones íntimos de mis miedos, siempre ligados a la muerte como esa nada turbadora e inexplicable, por más que nosotros, marxistas-leninistas explicamos muy bien la muerte como la nada. Y, ¿qué es esa nada? Nada. Explicación más sencilla y convincente imposible. La nada es nada; cierra tu cerebro, ponle un manto negro, si quieres, con un cielo de estrellas distante, y esa es la nada-nada; equivalente: infinito.

Uno sobrevive en la especie, en la historia, que es una forma mistificada de vida en la especie; en esos actos, en aquellos recuerdos. ¿Nunca has sentido un escalofrío en el espinazo leyendo las cargas al machete de Maceo?: Eso es la vida después de la nada. Los hijos; también. No quisiera sobrevivirme en mis hijos: ni me conocen; soy un cuerpo extraño que perturba a veces su tranquilidad, que se interpone entre ellos y la madre.

Me imaginé a mi hijo grande y ella canosa, diciéndole, en tono de reproche: tu padre no hubiera hecho tal cosa, o tal otra. Sentí dentro de mí, hijo de mi padre yo, una rebeldía tremenda. Yo hijo no sabría si era verdad o no que yo padre no hubiera hecho tal o cual cosa mala, pero me sentiría vejado, traicionado por ese recuerdo de yo padre que me refregaran a cada instante por la cara. Mi hijo debía ser un hombre; nada más, mejor o peor, pero un hombre. Le agradecía a mi padre su cariño dulce y volandero sin ejemplos. ¿Y mi madre? La pobre vieja. Oficialmente no tenía derecho todavía, debía esperar la confirmación.

Así andaba, por mis rutas del humo cuando me interrumpió, gozoso de ser útil, un soldado.

—¿No se le perdió nada?

—Nada —dije, asociándola a la otra de mi ensueño.

—Piense bien.

Palpé mis bolsillos; todo en orden.

—Nada.
—¿Y esta piedrecita? Yo se la vi en el llavero.
—Ah, carajo.
Entonces me golpeó el reproche con fuerza salvaje. No se pierde nada necesario, vitalmente necesario. Y, ¿se vive si no se es necesario? Vegetativamente sí, un ser moral no, creo que no, al menos.

Hasta sentí el chapuzón en el recuerdo y me vi palpando los bolsillos con rigurosa meticulosidad, mientras el arroyo, pardo de tierra montañera, me ocultaba su secreto. La pipa, primero la pipa; allí estaba. Los papeles o el pañuelo hubieran flotado. El vaporizador, presente; las plumas aquí; las libretas en su forro de nylon, sí; la fosforera, presente también, todo en orden. Se disolvió el chapuzón.

Solo dos recuerdos pequeños llevé a la lucha; el pañuelo de gasa, de mi mujer y el llavero con la piedra, de mi madre, muy barato este, ordinario; la piedra se despegó y la guardé en el bolsillo.

¿Era clemente o vengativo, o solo impersonal como un jefe, el arroyo? ¿No se llora porque no se debe o porque no se puede? ¿No hay derecho a olvidar, aún en la guerra? ¿Es necesario disfrazar de macho al hielo?

Qué se yo. De veras, no sé. Solo sé que tengo una necesidad física de que aparezca mi madre y yo recline mi cabeza en su regazo magro y ella me diga: «mi viejo», con una ternura seca y plena y sentir en el pelo su mano desmañada, acariciándome a saltos, como un muñeco de cuerda, como si la ternura le saliera por los ojos y la voz, porque los conductores rotos no la hacen llegar a las extremidades. Y las manos se estremecen y palpan más que acarician, pero la ternura resbala por fuera y las rodea y uno se siente tan bien, tan pequeñito y tan fuerte. No es necesario pedirle perdón; ella lo comprende todo; uno lo sabe cuando escucha ese «mi viejo».

—¿Está fuerte? A mí también me hace efecto; ayer casi me caigo cuando me iba a levantar. Es que no lo dejan secar bien parece.

—Es una mierda, estoy esperando el pedido a ver si traen picadura como la gente. Uno tiene derecho a fumarse aunque sea una pipa, tranquilo y sabroso ¿no?...

## 7.- NOTA DEL CHE EN EL CONGO SOBRE MUERTE DE SU MADRE

Sólo sé que tengo una necesidad física de que aparezca mi madre y yo recline mi cabeza en su regazo magro, y ella me diga «mi viejo» con una ternura seca y plena, y sentir en el pelo su mano desmañada, acariciándome a saltos, como un muñeco de cuerda, como si la ternura le saliera por los ojos y la voz porque los conductores rotos no la hacen llegar a las extremidades. Y las manos palpan más que acarician, pero la ternura resbala por fuera y las rodea y uno se siente tan bien, tan pequeñito y tan fuerte. No es necesario pedirle perdón; ella lo comprende todo, uno lo sabe cuando escucha ese «mi viejo».

## 8.- MEMORÁNDUM DEL *DIRECTOR OF CENTRAL INTELLIGENCE*

172. Memorandum From Director of Central Intelligence Helms
Washington, October 13, 1967.

MEMORANDUM FOR
The Secretary of State
The Secretary of Defense

Mr. Walt W. Rostow
Assistant Secretary of State for Inter-American Affairs.

SUBJECT
Statements by Ernesto «Che» Guevara Prior to His Execution in Bolivia

1. Further details have now been obtained from [less than 1 line of source text not declassified] who was on the scene in the small village of Higueras where Ernesto «Che» Guevara was taken after his capture on 8 October 1967 by the Bolivian Army's Second Ranger Battalion.

2. [less than 1 line of source text not declassified] attempted to interrogate Guevara on 9 October 1967 as soon as he got access to him at around 7 a.m. At that time «Che» Guevara was sitting on the floor in the corner of a small, dark schoolroom in Higueras [sic]. He had his hands over his face. His wrists and feet were tied. In front of him on the floor lay the corpses of two Cuban guerrillas. Guevara had a flesh wound in his leg, which was bandaged.

3. Guevara refused to be interrogated but permitted himself to be drawn into a conversation with [less than 1 line of source text not declassified] during which he made the following comments:

a. Cuban economic situation: Hunger in Cuba is the result of pressure by United States imperialism. Now Cuba has become self-sufficient in meat production and has almost reached the point where it will begin to export meat. Cuba is the only economically self-sufficient country in the Socialist world.

b. Camilo Cienfuegos: For many years the story has circulated that Fidel Castro Ruz had Cienfuegos, one of his foremost deputies, killed because his personal popularity presented a danger to Castro. Actually the death of Cienfuegos was an accident. Cienfuegos has been in

Oriente Province when he received a call to attend a general staff meeting in Havana. He left by plane and the theory was that the plane became lost in low-ceiling flying conditions, consumed all of its fuel, and crashed in the ocean, and no trace of him was ever found. Castro had loved Cienfuegos more than any of his lieutenants.

c. Fidel Castro Ruz: Castro had not been a Communist prior to the success of the Cuban Revolution. Castro's own statements on the subject are correct.

d. The Congo: American imperialism had not been the reason for his failure there but, rather, the Belgian mercenaries. He denied ever having several thousand troops in the Congo, as sometimes reported, but admitted having had «quite a few».

e. Treatment of Guerrilla Prisoners in Cuba: During the course of the Cuban Revolution and its aftermath, there had been only about 1,500 individuals killed, exclusive of armed encounters such as the Bay of Pigs. The Cuban Government, of course, executed all guerrilla leaders who invaded its territory. . . . (He stopped then with a quizzical look on his face and smiled as he recognized his own position on Bolivian soil.)

f. Future of the Guerrilla Movement in Bolivia: With his capture, the guerrilla movement had suffered an overwhelming setback in Bolivia, but he predicted a resurgence in the future. He insisted that his ideals would win in the end even though he was disappointed at the lack of response from the Bolivian *campesinos*. The guerrilla movement had failed partially because of Bolivian Government propaganda which claimed that the guerrillas represented a foreign invasion of Bolivian soil. In spite of the lack of popular response from the Bolivian *campesinos*, he had not planned an exfiltration route from Bolivia in case of failure. He had definitely decided to either fall or win in this effort.

4. According to [less than 1 line of source text not declassified] when Guevara, Simon Cuba, and Aniceto Reynaga Gordillo were captured on 8 October, the Bolivian Armed Forces Headquarters ordered that they be kept alive for a time. A telegraphic code was arranged between La Paz and Higueras with the numbers 500 representing Guevara, 600 meaning the phrase «keep alive» and 700 representing «execute». During the course of the discussion with Guevara, Simon Cuba and Aniceto Reynaga were detained in the next room of the school house. At one stage, a burst of shots was heard and [less than 1 line of source text not declassified] learned later that Simon Cuba had been executed. A little later a single shot was heard and it was learned afterward that Aniceto Reynaga had been killed. When the order came at 11:50 a.m. from La Paz to kill Guevara, the execution was delayed as long as possible. However, when the local commander was advised that a helicopter would arrive to recover the bodies at approximately 1:30 p.m., Guevara was executed with a burst of shots at 1:15 p.m. Guevara's last words were, «Tell my wife to remarry and tell Fidel Castro that the Revolution will again rise in the Americas.» To his executioner he said, «Remember, you are killing a man.»

5. At no time during the period he was under [less than 1 line of source text not declassified] observation did Guevara lose his composure.

Dick[1]

---

[1] Johnson Library, National Security File, Country File, Bolivia, Vol. IV, Memoranda, January 1966-December 1968. Secret. Copies of this memorandum in CIA files indicate that it was drafted by Broe and [name not declassified] in the Western Hemisphere Division and approved by Karamessines. (Central Intelligence Agency, DDO/IMS, Operational Group, Job 78-06423A, U.S. Government-President).

BIBLIOGRAFÍA

ALARCÓN RAMÍREZ, («Benigno»), *Memorias de un soldado cubano*, Tusquets Editores, 1997.
AMERICAN PSYCHIATRIC ASSOC., *Manual diagnóstico y estadístico de trastornos mentales*, 2008.
ARANA SERRUDO, Federico, *Che Guevara y otras intrigas*, Ed. Temas de Hoy, Bolivia, 2002.
AVELEDO, Ramón Guillermo: «El Dictador», Edit. Libros Marcados, 2008.
BENEMELIS, Juan F., «Castro, Subversión y Terrorismo en África», Editorial San Martín, 1988.
BLASIER, Cole, *The Hovering Giants*, University of Pittsburg Press, 1976.
BORREGO, Orlando, *Che: el camino de fuego*, Ediciones Hombre Nuevo, Buenos Aires, 2001.
CAO MENDIGUREN, Andrés, *La verdadera República de Cuba*, Ediciones Universal, 2008.
CARROLTON PRESS, *The Desclassified Document Catalogue*, vol XXI n° 2, 1995, File # 0649.
CASTAÑEDA, Jorge G., *La vida en rojo*, Alfaguara, 1997.
CASTRO, Juanita, *Fidel y Raúl, mis hermanos*, Santillana, USA, 2009.
CASTRO, Fidel, *La victoria estratégica*, PCC, Comité Central, 2010.
CASTRO, Fidel, *La contraofensiva estratégica*, PCC, Comité Central, 2010.

CERRATO, Rafael, *Amanecer en la Higuera*, Alexandria Library, 2012.
CONSTENLA, Julia, *Celia, la madre del Che*, Ed. Suramericana, 2004.
CORZO, Pedro, *Guevara: misiones de la violencia*, Ed. instituto Memoria Histórica, 2008.
CUPULL Y GONZÁLEZ, *La CIA contra el Che*, Editora Política, 1996.
DEBRAY, Reis, *Praised Be Our Lords*, Gallimard, 1996.
DEUTSCHER, Isaac, *La Revolución inconclusa*, Ed. Era, 1967.
DUNKERLEY, James, *Warriors and Scribes: Essays on Latin American*, Verso, London, 2000.
ENCINOSA, Enrique G., *Escambray, la Guerra olvidada*, Ed. SIBI, 1989.
FERNÁNDEZ LEÓN, Julio, *José A. Echeverría, Vigencia y Presencia*, Ed. Universal, 2007.
FERNÁNDEZ MONTES DE OCA, *El Diario de Pacho*, Ed. Punto y Coma, 1987.
FIGES, Orlando, *«The Whisperers», prívate life in Stalin's Rusia*, Picador, 2008
FRANQUI, Carlos, *Retrato de familia con Fidel*, Seix Barral, 1981.
FRIEDL ZAPATA, José A., *Tania la Guerrillera*, Editorial SIBI, 2000.
FUENTES, Norberto, *The Autobiography of Fidel*, Norton Paperback, 2010.
GUEDES, Emilio, *Cuba, la revolución que no fue*, Eriginal Books, 2013.
GUEVARA, Ernesto, *El Diario del Che en Bolivia*, Siglo XXI, 1968.
GUEVARA, Ernesto, *La Guerra de Guerrillas*, Editorial 21, 2003.
GUEVARA, Ernesto, *Pasajes de la Guerra Revolucionaria (Congo)*, Edit. Ocean Sur, 2009.

Lee Anderson, John, *Che Guevara*, Grove Press, New York, 1997.
Lovett, Joan, *La curación del trauma infantil DRMO*. Ed. Pardos Ibérica, 2000.
Marsant, Joseph, *La séptima muerte del Che*, Plaza y Janés, 1979.
Mesa-Lago, Carmelo, *Cuba en la era de Raúl Castro*, Editorial Colibrí, 2012.
Muller, Alberto, *Cuba: entre dos extremos*, Ed. Universal, 1984.
O'Donnell, Pacho, *Che*, Debolsillo, 2005.
Ortega, Luis, *Yo soy el Che*, Espuela de Plata, 2009.
Malo de Molina, Gustavo, *Frank País: apuntes sobre un luchador clandestino*, Ed. Gente Nueva.
Posse, Abel, *Los cuadernos de Praga*, Emecé Editores, 2007.
Ramonet, Ignacio, *Fidel Castro, biografía a dos voces*, Random House, 2006.
Ramos, Marco Antonio, *La Cuba de Castro y después*, Rojas Rojas Editores, 2007.
Rodríguez, Félix y Weisman, John, *Shadow Warrior*, Simon and Schuster, NY, 1989.
Rojo, Ricardo, *Mi amigo el Che*, Debolsillo, 2006.
Ros, Enrique, *El clandestinaje y la lucha armada contra Castro*, Ed. Universal, 2006.
Ros, Enrique, *La Aventura Africana de Fidel Castro*, Ed. Universal, 1999.
Ros, Enrique, *Fidel Castro y el Gatillo Alegre*, Ed. Universal, 2003.
Rostow, Walter, «Walter Rostow to the President», Secret NSF, LBJ Library, oct. 18, 1967.
Suchlicki, Jaime, *Breve historia de Cuba*, Pureplay Press, 2006.
Tabio, Paco Ignacio, *Ernesto Guevara también conocido como el Che*, Planeta, 1996.

Vargas Salinas, Mario, *Che: mito y realidad*, Ed. La Paz, 1988.
Vasile, Vicenzo y Cereghino, Mario, *Che Guevara, top secret*, Bompiani, 2006.
Villegas, Harry, *Pombo, un hombre de la guerrilla del Che*, Spanish Editions, 1996.
Weiss, Mitch & Maurer, Kevin, *Hunting Che, How a US Special Team*, Berkeley Ed., 2013.

# ÍNDICE ONOMÁSTICO

Acevedo, Enrique, 140
Acuña Nuñez, Vitalio (Joaquín), 94, 116, 118, 119, 122
Adriazola, David (Darío), 115
Alarcón Ramírez, Daniel (Benigno), 71, 110, 115, 140
Albizu Campos, Pedro, 170
Alexeiv, Alexander, 134
Algarañaz, 94
Almeida, Juan, 40
Antonia, María, 203
Alonso, Aurelio, 81
Alvarez Rom, Luis, 135
Aquino Quispe, Apolinar, 116
Aragonés, Emilio, 63
Arbenz, Jacobo, 34
Artime, Manuel, 190
Ascencio, Lázaro, 131
Ayoroa (Comandante), 127

Baudelaire, Charles, 27
Báez, Vicente, 132
Barrera, Quintana, Pastor, 117
Barrientos, René, 116, 125, 127,
Batista, Fulgencio, 39, 40, 41, 42, 43, 46, 47, 146
Bazán, Orlando (Camba), 115

Beatón, Manuel, 47,
Béjar, Hector, 86
Ben Bella, Ahmed, 70, 71, 141, 166
Boitell, Pedro Luis, 146
Borrego, Orlando, 58, 59, 135
Bosch, Juan, 33
Brezhnev, Leonid, 101, 123
Bujarin, Nicolai, 44
Bunker, Tamara (Tania), 115, 122, 123
Burlanski, Feder, 88
Bustos, Ciro, 103, 118

Campanería, Virgilio, 145
Campos, Armando, 140
Candía, Ovando, 127
Carretero, Juan (Ariel), 140
Castro, Fidel, 23, 25, 34, 35, 37, 39, 41, 42, 43, 44, 45, 46, 48, 49, 50, 52, 53, 54, 55, 57, 60, 65, 66, 67, 68, 70, 71, 72, 77, 78, 81, 82, 85, 86, 87, 88, 89, 90, 94, 96, 97, 99, 100, 101, 102, 104, 110, 113, 119, 128, 129, 130, 132, 133, 134, 135, 136, 137, 138, 139, 140, 141, 142, 143, 144, 145, 147,

148, 149, 150,172,180, 203, 214
Castro, Manolo, 144
Castro, Raúl, 34, 40, 41, 44, 48, 52, 131, 133
Cienfuegos, Camilo, 40, 213
Chapa, Daniel (Coello), 116
Chaumón, Faure, 41
Chávez, Hugo, 90
Chou En Lai, 70, 96
Claure, Hilario, 86
Codovilla, Victorio, 88
Coello, Carlos (Tuma), 82, 120
Condori, Casildo (Victor), 116
Copello Castillo, Lorenzo, 147
Correa, Rafael, 90
Cruz, Margarito, 116
Cuba Sarabia, Simón (Willy), 115, 214
Cubelas, Rolando, 40

Debray, Regis, 95, 96, 99, 103, 115, 118, 119, 120, 139
De la Guardia, Antonio, 146
De la Pedraja, Octavio (Moro, Morogoro, el Médico), 23, 24, 94, 115
De la Serna, Celia, 26, 27
De Nazaret, Jesús, 150, 206
Del Pino, Rafael, 149
Del Valle Galindo, Fernando, 146
Díaz Hascom, Rafael, 145
Díaz Lanz, Pedro Luis, 45

Domínguez Flores, Antonio (León), 125

Echeverría, José Antonio, 41, 42
Eisenhower, Dwight, 48
Eliecer Gaitán, José, 195
Espín, Vilma, 40, 41

Felipe, León, 108, 150
Fernández, Eufemio, 145
Fernández Caral, Oscar, 144
Fernández Corzo, Rogelio (Francisco), 145
Fernández Vila, Horacio, 132
Fernando Montes, Alberto (Pachungo), 93, 94, 109, 115
Ferrer, Carlos, 32
Ferreira, Chinchina, 28
Fleites, Armando, 131
Franqui, Carlos, 41,
Freud, Segismundo, 27
Fricke, Edmond, 116
Fuentes, Norberto, 101

Gadea, Hilda, 33, 34, 54
Gómez, Laureano, 31
Gómez, Oliveiro, 116
Gorbachov, Mijail, 146
Graham, Alvin, 116
Granado, Alberto, 28, 29, 30, 32, 54,87
Guedes, Emilio, 132
Guevara, Celia, 62, 72, 78, 130, 142, 207

Guevara, Ernesto (Che), 16, 23, 24, 25, 26, 27, 28, 30, 31, 32, 34, 35, 36, 37, 38, 40, 41, 43, 44, 46, 47, 48, 49, 50, 52, 53, 54, 55, 57, 59, 60, 61, 62, 63, 64, 65, 66, 67, 68, 69, 70, 71, 72, 73, 76, 77, 78, 79, 81, 82, 83, 85, 86,87, 88, 89, 90, 91, 92, 93, 94, 95, 96, 97, 98, 99, 100, 101, 102, 103, 104, 105, 107, 108, 109, 110, 111, 112, 113, 114, 115, 116, 117, 118, 119, 120, 121, 122, 123, 124, 125, 126, 127, 128, 129, 130, 131, 132, 133, 134, 135, 136, 137, 138, 139,140, 141, 142, 143, 144, 147, 148, 149, 150,166, 203, 206, 213, 214
Guevara Lynch, Ernesto, 25
Guevara, Hilda, 54
Guevara, Moisés, 95, 103, 115,117, 120, 122
Gutiérrez, Mario (Julio), 125
Gutiérrez Menoyo, Eloy, 40
Guzmán, Arturo, 135
Guzmán, Loyola, 124

Hapta, James, 116
Hart, Armando, 41, 81
Hernández Osorio, Miguel (Manuel), 115,125
Hoare, Mike, 66
Huanca, Bernardino, 126
Illía, Arturo, 79

Jagan, Cheddy, 171
Jímenez Bazán, Orlando (Camba), 125

Kabila, Laurent Desiré, 64
Kamenev, Lev, 44
Kasavubu, Joseph, 66
Kennedy, John F., 49, 179, 198, 199
Kosigyn, Alexei, 102
Kruschov, Nikita, 88
Kuanda, Kenneth, 65

Leodán, Bárbaro, 147
Lenin, Vladimir, 43
Lennon, John, 149
López, Antonio (Ñico), 25, 34
Lumumba, Patricio, 36, 59, 62, 64, 66, 74,173

Mbili, 76
Machín, Gustavo (Alejandro), 94, 116, 122
March, Aleida, 54, 58, 61, 81, 108, 142, 206
Martí, José, 192
Martínez Heredia, Fernando, 81
Martínez Isaac, Jorge Luis, 147
Martínez, Jorge, 146
Martínez Tamayo, José María (Ricardo o Papi), 82, 115, 121

Martínez Tamayo, René (Arturo), 115, 125, 126
Massengo, Idelphose, 68, 77
Masseti, Jorge, 78, 79, 81, 113
Matos, Huber, 40, 41, 44, 45, 144, 145
Mena, Adolfo (Che)
Méndez Korne, Julio L. (Ñato), 97, 115
Mesa Lago, Carmelo, 44
Mikoyan, Anastas, 48
Milliard, Roland, 116
Miller, Adrianne, 13, 31
Minná, Giani, 65
Miró Cardona, José, 45
Mitchel, Leroy, 116, 123
Mobutu, Joseph, 65, 66, 69
Monje, Mario, 36, 85, 86, 91, 94, 95, 96, 97, 99, 102, 111, 137, 138, 139, 147
Morgan, Alexander (William), 145
Montero, Renán (Iván), 100, 103, 109, 118, 140
Mora Morales, Menelao, 42
Mora Valverde, Manuel, 33
Morales, Evo, 90
Mundani, Joseph, 76, 77

Nasser, Abdel Gamal, 57, 61, 63, 65
Neruda, Pablo, 27
Nkrumah, Kwame, 71
Núñez Tardío, Antonio (Pan Divino), 116

Ochoa, Arnaldo, 141, 146, 149
O'Donnell, Pacho, 150
Olmedo, Ricardo, 146
Ortega, Luis, 54

Padrón, Amado, 146
País, Agustín, 40
País, Frank, 39, 40, 41, 42, 113
Pantoja, Olo (Antonio), 109, 115
Paz Estensoro, Victor, 91, 136
Pazos, Felipe, 41
Peña, Hermes, 79,
Peredo, Roberto (Coco), 97, 125
Peredo, Inti, 97
Pérez, Cresencio, 113
Pérez, Faustino, 41
Perón, Juan Domingo, 79
Pesce, Hugo, 29, 30, 32
Petterson, Gerardo, 116
Piñeiro, Manuel (Barbarroja), 86, 140, 145
Prado, Gary, 125

Quiroga, Horacio, 27
Quispaya Choque, Raúl, 115, 121

Ramírez, Porfirio Remberto, 44, 47, 145
Ramos Latour, René (Daniel), 41
Ray, Manuel, 41

Reyes, Eliseo (Rolando), 94, 120
Reinaga Gordillo, Aniceto, 115, 214
Rivera, Hector, 116
Rocabadas, Vicente, 117
Rodríguez, Félix (capitán Ramos), 116, 123, 127
Rodríguez, Fructuoso, 41
Rojas, Honorato, 110
Rojo, Ricardo, 33, 142
Rostow, Walt W., 213
Roth, George Andrew, 117, 120

Saldaña, Rodolfo, 94, 97
Salvador, David, 41, 145, 146
Sánchez Díaz, Antonio (Pinares), 94, 116, 125
Santamaría Cuadrado, Haydee, 41
Selich, Andrés, 122, 126
Shelton, Roberto (Papi), 100, 110, 116, 123
Sorí Marín, Humberto, 44, 47, 145
Stalin, Iósif (José), 36, 43, 44, 58, 59, 72, 149
Stevenson, Adlai, 198, 199, 200, 201
Suárez Gayol, Jesús (El Rubio), 116

Tamayo, Leonardo (Ricardo), 115

Tapia Ruano, Alberto, 145
Terán, Mario, 127
Thompson, Wendell, 116
Touré, Sekou, 65
Trostky, León, 27, 36, 43, 44, 55
Tse-Tung, Mao, 42, 63, 70
Tshombe, Moisés, 173

Urrutia, Manuel, 45
Urrutia, Miriam, 28, 45
U-Thant, 180

Valdés, Ramiro, 40, 81,
Valle Galindo, Fernando, 47
Vazques Viaña, Jorge (Loro), 97, 115
Villaseca, Arturo, 135
Villegas, Harry (Pombo), 82, 93, 94, 115
Villoldo, Gustavo, 116, 123

Wallender, Harvey, 116
Walsh, Sinesio, 47

Zenteno, Joaquín, 127

Alberto Muller entrevistando a su amigo Edén Pastora, el Comandante 0 de Nicaragua.

Alberto Muller conversando con su amigo, el laureado escritor cubano Guillermo Cabrera Infante.

Alberto Muller entrevistando a Pompeyo Marquez, presidente del Partido Comunista de Venezuela.

Alberto Muller conversando con Octavio Paz, premio Nobel de Literatura 1990.

Alberto Muller entrevistando a Miguel Enrique Otero Silva, director de El Nacional de Caracas.

www.ingramcontent.com/pod-product-compliance
Lightning Source LLC
Chambersburg PA
CBHW030517080526
44586CB00011B/232